GESTÃO DE MUDANÇAS
EM UMA SEMANA

Mike Bourne
Pippa Bourne

GESTÃO DE MUDANÇAS
EM UMA SEMANA

Tradução
Carlos Leite da Silva

figurati

COORDENAÇÃO EDITORIAL: **Equipe Editora Figurati**

COORDENAÇÃO: **Isabel Xavier da Silveira**

PRODUÇÃO EDITORIAL: **Desenho Editorial**

CRIAÇÃO DE CAPA: **Guilherme Xavier**

PREPARAÇÃO DE TEXTO: **Talitha Mattar**

REVISÃO: **Eduardo Haak**
Marisa Rosa Teixeira

Texto de acordo com as normas do Novo Acordo Ortográfico da Língua Portuguesa (1990), em vigor desde 1º janeiro de 2009.

DADOS INTERNACIONAIS DE CATALOGAÇÃO NA PUBLICAÇÃO (CIP)
(CÂMARA BRASILEIRA DO LIVRO, SP, BRASIL)

Bourne, Mike
Gestão de mudanças em uma semana / Mike Bourne, Pippa Bourne ; tradução Carlos Leite da Silva. -- 1. ed. -- São Paulo : Figurati, 2014.
Título original: Successful change management in a week

ISBN 978-85-67871-12-7

1. Administração de empresas 2. Mudança organizacional I. Bourne, Pippa. II. Título.

14-06907 CDD-658.406

Índices para catálogo sistemático:

1. Empresas : Mudança organizacional : Administração 658.406
2. Mudança organizacional : Empresas : Administração 658.406

figurati

Direitos cedidos para esta edição à
Editora Figurati Ltda.

Alameda Araguaia, 2.190 - Conj. 1.110
Alphaville Industrial - CEP 06455-000
Barueri - SP - Brasil
Tel.: 55 11 3699-7107
E-mail: atendimento@editorafigurati.com.br
Visite nosso site: www.editorafigurati.com.br

2014
Impresso no Brasil
Printed in Brazil

Sumário

Introdução

Se uma organização não muda em resposta ao ambiente em que opera, irá fracassar. Do mesmo modo que as pessoas têm de mudar e se adaptar conforme as circunstâncias, assim é com as organizações. Ninguém pode negar que gerenciar a mudança é uma tarefa difícil e, às vezes, dolorosa. É complexa e pode ser emocionalmente desgastante, envolvendo uma gama de habilidades desde o planejamento de projetos, passando por influenciar aqueles que provavelmente serão afetados, até assegurar que as ações apropriadas aconteçam. Por mais difícil que seja, gerenciar mudanças é uma das habilidades necessárias a um administrador. Qualquer um que queira progredir na carreira tem de se tornar adepto do incentivo à mudança e sua administração.

O que a gestão de mudança, portanto, envolve? Posto com simplicidade, os quatro elementos no processo de transformação são:

- analisar a necessidade de mudança e decidir como deveria ser, com base em suas análises;
- planejar e administrar a mudança como um projeto ou uma série de projetos;
- implementar a mudança e gerenciar as pessoas por meio dela;
- assegurar que a mudança se torne bem enraizada de modo que não seja arruinada.

Este livro concentra-se nos dois últimos elementos – implementar a mudança e assegurar que ela aconteça. Está estruturado para ajudar administradores a supervisionar a mudança inteira e aqueles que estão gerenciando parte do processo e tentam mantê-lo encaminhado. Também irá interessar as pessoas que se encontram no processo de mudança, ajudando-as a entender por que certas coisas estão acontecendo com elas.

Primeiro, porém, vale a pena dar uma rápida olhada em por que a mudança organizacional fracassa com tanta frequência. John Kotter, da Faculdade de Administração de Harvard, descobriu oito erros comuns com base em sua experiência com iniciativas de mudança em mais de cem empresas diferentes:

CRISE, QUE CRISE?

- não criar um senso de urgência suficiente no resultado: se as pessoas não sabem por que a mudança é necessária, não se empenharão;
- fracassar em "levar as pessoas com você": você precisa do compromisso da parte de pessoas poderosas;
- subestimar o poder da visão: criar um retrato do futuro tão tangível quanto lhe seja possível, de modo que o que você está tentando alcançar seja percebido;
- ser inconsistente na forma como atua e assim debilitar sua própria posição;
- permitir que obstáculos permaneçam e bloqueiem o progresso: você tem de identificá-los e fazer com que percebam que os ultrapassou;
- não conseguir criar conquistas de curto prazo para demonstrar êxito e dar às pessoas uma oportunidade de celebrarem;
- reivindicar êxito precocemente enquanto tenta anunciar que a mudança está concluída; se fizer isso cedo demais, pode descobrir que ela nunca será verdadeiramente incorporada;
- negligenciar a consolidação da mudança com segurança na cultura corporativa: ela deve se solidificar tornando-se "a maneira como fazemos as coisas aqui".

A cada dia examinaremos um aspecto da gestão da mudança e, no final de cada capítulo, você encontrará um conjunto de perguntas para que verifique o que aprendeu.

DOMINGO

Por que a mudança é necessária

A expressão "gerenciar a mudança" pode soar vaga. Não é como administrar a implementação de um novo sistema de Tecnologia da Informação, em que você pode ver fisicamente diversos *hardwares* e *softwares*, embora isso em si possa fazer parte de uma iniciativa de gerenciamento de mudança.

Administrar a mudança, em termos bem gerais, resume-se em persuadir as pessoas a trabalhar de maneira diferente, seja com um equipamento novo, dentro de uma nova estrutura ou com um diferente conjunto de processos. É de grande ajuda pensar da forma o mais concreta possível sobre aquilo que você está fazendo e o porquê de agir assim.

Se fizer isso, será mais capaz de evitar as ciladas imprevistas e, certamente, quanto mais claro for o retrato que você obtiver do que está tentando alcançar e do que isso envolve, mais será capaz de conquistar o compromisso de outros em relação aos seus planos.

Neste capítulo tentaremos tornar a gestão da mudança mais tangível para ajudá-lo a "pegar o jeito da coisa". Primeiro, veremos por que a mudança é necessária e, depois, examinaremos diferentes tipos de mudança e algumas de abordagens para gerenciá-la. Finalmente, apresentaremos os diversos estágios do processo de mudança.

Tem de haver uma mudança?

A maioria das pessoas já vivenciou mudanças em algum estágio de suas vidas profissionais. Isso pode ser qualquer coisa, desde um tipo de mudança substancial muito noticiada na mídia – *downsizing*, reestruturação – até mudanças no papel do emprego que resultem da introdução de nova tecnologia. Mas será toda essa mudança *realmente* necessária?

Há os que dizem que a mudança é importante por si mesma. Sem ela, organizações e indivíduos se tornam complacentes e antiquados. Por outro lado, uma mudança muito rápida e constante traz seus próprios problemas, como a falta de lealdade no seio da força de trabalho e a perda de habilidades importantes e conhecimento do negócio quando as pessoas vão embora. Então, por que a mudança é necessária? Evidentemente, há muitas razões.

A competição crescente significa que se você não analisar continuamente o que está acontecendo no seu mercado, e se não mudar e melhorar o que está fazendo, provavelmente será posto para fora do negócio.

Os consumidores estão exigindo padrões mais elevados. Na maior parte dos casos, eles podem escolher onde comprar produtos ou serviços. Se não gostarem da sua oferta, consultarão outro lugar. Mesmo nos casos em que a escolha não é sempre tão evidente, como no SUS, as pessoas estão exigindo novos medicamentos ou tratamentos sobre os quais leram e procurando melhoria dos serviços.

O êxito e o crescimento, inevitavelmente, criam a necessidade de mudança. O micronegócio rentável começa a empregar mais gente; essas pessoas trazem novas ideias e experiência que querem usar; a comunicação torna-se mais complexa à medida que mais pessoas se juntam ao negócio; novas máquinas têm de ser adquiridas para a adequar-se à demanda; e assim por diante.

O declínio do mercado quase sempre anuncia as maiores mudanças. E essas não são somente o *downsizing* e a reestruturação. Também dizem respeito à busca de novos e melhores mercados, novas e melhores formas de fazer as coisas.

Os fatores ambientais fora do controle também podem impor mudança. Uma ampla variação nas taxas de câmbio pode provocar uma alteração significativa. Nova legislação sobre horas de trabalho, saúde e segurança, ou mesmo a introdução de novos regimes de impostos, traz mudança em seu rastro.

Por tudo isso, supõe-se que a mudança dramática e acelerada seja necessária em alguma fase. De fato, frequentemente é um único golpe que atua como alavanca de mudança – como a perda de um cliente muito importante.

> ***Não é a espécie mais forte que sobrevive, nem a mais inteligente: é aquela mais adaptável à mudança.***
>
> Charles Darwin

O mesmo vale para as organizações.

Tipos de mudança

As mudanças vêm em todas as formas e tamanhos, mas vale a pena analisá-las segundo as seguintes dimensões:

- mudança incremental ou mudança radical;
- melhoramentos contínuos ou mudança em etapas;
- mudança participativa ou direcionada.

Mudança incremental *versus* radical

A mudança incremental é aquele tipo que você vê acontecer por meio de melhoramento contínuo. Os passos são pequenos mas com o passar do tempo tornam-se cumulativos, e a mudança pode ser significativa.

A radical, porém, é muito visível. Frequentemente, esse tipo de mudança resulta de aferição ou exercícios de reengenharia de processo negocial e envolve uma mudança de etapa única e significativa.

Melhoramento contínuo *versus* mudança em etapas

O melhoramento contínuo é usado em muitas indústrias para desenvolver o negócio. Sua vantagem é repartir as mudanças por uma miríade de etapas menores, cada uma em si mesma facilmente alcançável e proporcionando um desempenho melhor. É uma estratégia de baixo risco, cujo benefício é fazer da mudança um processo constante, eliminando assim os elementos de ruptura associados com muitas mudanças ou etapas mais amplas.

O melhoramento contínuo não é uma utopia. Com a rapidez das mudanças nas indústrias, está se tornando mais importante fazer mudanças em etapas significativas na melhoria de desempenho, que muitas vezes não são proporcionadas no tempo disponível por uma abordagem de mudança contínua. Além disso, melhoramentos de impacto no desempenho nem sempre podem ser desenvolvidos com os métodos existentes de trabalho; ocasionalmente, uma abordagem totalmente nova é requerida.

	Benefícios	Fragilidades
Melhoramento contínuo	Muitas etapas pequenas. Torna a mudança habitual. Ruptura menor. Risco menor. Cria ganhos cumulativos.	Lento. Pode limitar a visão e desperdiçar oportunidades.
Mudança em etapas	Estimula o pensamento radical. Potenciais ganhos rápidos.	Risco maior. Provoca ruptura do desempenho durante a mudança.

Consequentemente, o melhoramento contínuo é um bom hábito a ser adotado no seu negócio, mas o ambiente empresarial em rápida transformação assinala que a capacidade para fazer mudanças significativas é uma técnica importante para ser dominada e efetivamente aplicada.

Mudança participativa *versus* direcionada

Atualmente, há muitos artigos sobre a mudança participativa, aquela em que os diretamente afetados são totalmente envolvidos ou, pelo menos, consultados para eles próprios formular e gerenciar a mudança. A mudança participativa baseia-se na boa vontade dos envolvidos na mudança para trabalharem no processo.

No entanto, muita mudança ainda é direcionada. Quando um fabricante de automóveis decide encerrar uma usina, os trabalhadores podem ser consultados, mas raramente a decisão é revertida. A mudança direcionada baseia-se nos que têm o poder de comandar outros e de fazer a mudança acontecer.

A mudança participativa chamou a atenção de muitos agentes de mudança porque se enquadra bem com os nossos valores e aumenta o empenho dos funcionários e a lealdade à organização. Contudo, há circunstâncias, como as de um campo de batalha, em que é inapropriada, fazendo-se necessária uma ação mais decisiva.

Sistemas rígidos aproximam da mudança

Essa é a abordagem lógica à mudança frequentemente adotada. Ela começa com a tomada de decisões ao se perguntar:

- Qual é o problema?
- Quais são as alternativas?
- Qual alternativa traz a melhor solução?

Assim que a decisão for tomada e a melhor alternativa selecionada, a tarefa é implementá-la usando técnicas padronizadas de gestão de projeto, como é ilustrado pelo exemplo a seguir.

Definição do problema	
Situação atual	A demanda do mercado irá sobrepujar a capacidade no próximo ano.
Restrições	A nova capacidade tem de se enquadrar dentro do edifício existente. A nova capacidade tem de estar disponível em 1º de janeiro. O investimento de capital tem de ser recuperado em dois anos. A qualidade e acessibilidade não podem ficar comprometidas.
Objetivos	Aumento de capacidade em 30%. Redução de custos em 10%.

Avaliação das opções	
Opções disponíveis	Comprar máquinas novas. Aumentar a linha existente. Implementar um turno de trabalho noturno. Fazer estoque da capacidade requerida.
Opções descartadas	Comprar máquinas novas, já que a recuperação de investimento em dois anos não é possível. Criar turno de trabalho noturno, devido à falta de trabalhadores locais.
Opção preferida	Aumentar a linha existente.
Decisão	Aprovação do aumento da linha existente. Implementação.
Plano de projeto	Cronogramas, recursos, pessoas.
Recursos	Acordo de alocação de capital. Escolha de fornecedores externos.
Responsabilidades	Escolha do gerente do projeto. Cronogramas acordados das equipes de serviço. Implementação acordada do gerente de projeto.
Gestão do projeto	Rever progresso cotejando o plano.

Exemplo: desenvolver nova capacidade de produção

Essa abordagem é amplamente usada na gestão da mudança, mas faz determinadas suposições:

- a natureza do problema é clara e sem ambiguidade;
- os objetivos e restrições podem ser claramente identificados e declarados;
- as alternativas podem ser geradas pelos envolvidos;
- a seleção pode ser feita racionalmente contra o critério identificado;
- os outros concordam com a avaliação e se unirão às decisões tomadas.

O teste TROPICO

McCalman e Paton (1992), no seu livro *Change management: a guide to effective implementation* [Gestão de mudança: um guia para a implementação eficaz], desenvolveram um teste para avaliar mudanças de complexidade rígida e flexível. As mudanças rígidas podem ser gerenciadas usando a estrutura de trabalho citada (embora você deva estar sempre atento à possibilidade de a situação evoluir para um problema mais complexo), enquanto as mudanças flexíveis são mais difíceis de gerenciar por causa das consequências sociais e emocionais delas.

Na prática, uma mudança substancial habitualmente inclui uma mistura de mudanças rígidas e flexíveis, e as afirmações na tabela a seguir estão em ambos os extremos de uma linha contínua. No entanto, elas de fato proporcionam uma estrutura útil para considerar várias etapas de seu projeto de mudança.

As situações predominantemente classificadas como rígidas são muito mais fáceis de gerenciar. As mudanças flexíveis são mais complicadas, requerendo muito mais reciclagem entre o problema, sua definição e as soluções propostas. As perguntas vão desde "O que deve ser feito?" até "O que deve estar envolvido?"."As etapas já não estão vinculadas a tomar decisões relacionadas à mudança, mas se focam em fazer a mudança acontecer na organização.

Teste	Rígida	Flexível
Tempos	Claramente definidos, de curto a médio prazo.	Difíceis de definir, de médio a longo prazo.
Recursos	Claramente identificados.	Não claros.
Objetivos	Claramente identificados e declarados.	Subjetivos e ambíguos.
Percepção	O problema é percebido da mesma maneira por todos.	O problema é visto de forma diversa por diferentes pessoas e grupos, possíveis conflitos de interesse.
Interesse	É sabido que o interesse no problema está limitado a um grupo definido.	O interesse no problema está disseminado ou mal definido.
Controle	O controle do problema pode ficar alocado a um grupo administrador.	O controle do problema é partilhado por causa da influência de outros.
Origem	A origem do problema é interna à organização.	A origem do problema é externa à organização.

A maioria das mudanças fracassa porque os aspectos flexíveis da mudança não são adequadamente gerenciados. Esses tais aspectos serão agora o foco do resto deste livro.

Etapas no processo de mudança

Há meio século, Kurt Lewin identificou três etapas principais da mudança: "descongelamento, mudança e recongelamento". Embora modelos mais complexos tenham sido desenvolvidos desde então, as três etapas ainda hoje são apropriadas.

Descongelamento

O descongelamento é a etapa na qual a organização se prepara para a mudança. É preciso reconhecer a necessidade de mudança, identificar as alternativas e selecionar um curso de ação. Além dessas atividades de planejamento, deve ser empreendida uma ação para "descongelar" atitudes e comportamentos existentes, de modo a permitir que a mudança aconteça. Essa etapa é essencial para gerar apoio à iniciativa de mudança e minimizar a resistência.

Mudança

A mudança ocorre na etapa em que os novos sistemas e procedimentos são implementados. Geralmente, isso requer alterações nas estruturas e processos organizacionais, assim como o desenvolvimento de novos comportamentos, valores e atitudes. Alcançar isso durante um curto período, quando todo o foco está na mudança, é relativamente simples comparado com tentar sustentar as alterações no longo prazo, daí a necessidade do terceiro estágio – recongelamento.

Recongelamento

Durante o recongelamento, a ação será de reforçar as mudanças que ocorreram e garantir que as novas maneiras de trabalhar tornem-se habituais ou, como diria Kotter, embutidas na cultura da organização. Recentemente, os críticos alegaram que o recongelamento é inapropriado; nos mercados voláteis da atualidade, a mudança tem de ser contínua. Mas a maioria dos esforços falha mais porque as pessoas revertem às velhas formas do que por estarem empacadas nas novas.

DICAS

• Uma análise lógica da situação e a abordagem à gestão da mudança são vitais, mas lembre-se das consequências sociais e emocionais que poderão lançar os planos no caos e afetar significativamente o resultado.

• Identifique quais elementos na mudança são "rígidos" e quais são "flexíveis", e os gerencie em conformidade.

• Não resuma opções muito cedo: pense de maneira ampla e o maior tempo possível sobre as questões e prováveis consequências.

• Seja realista quanto aos prazos e permita alguma folga; uma lista de prazos perdidos deixa uma péssima impressão.

• A implementação da mudança não é a etapa final. Quando forem considerados os prazos e planos de ação, permita um monitoramento contínuo de um conjunto de critérios para garantir que eles sejam realmente incorporados.

Resumo

Neste capítulo cobrimos três elementos a considerar quando se planeja uma mudança. Portanto, antes de prosseguir no processo de mudança, questione-se:

- Primeiro – será esta uma mudança incremental que acontecerá gradualmente ao longo de um período de tempo? Ou é uma mudança em etapas, em que você irá fisicamente interromper o que está fazendo num dia e começar uma maneira de trabalhar completamente nova no dia seguinte? Ambas as abordagens têm vantagens e desvantagens.

- Segundo – quão diretivo ou participativo você será? A participação pode criar compromisso e lealdade de longo prazo, mas leva tempo para implementar, tempo que você talvez não tenha.

- Terceiro – você decidiu se vai empreender uma abordagem de sistemas rígida ou flexível? Essa é uma decisão que você só pode tomar assim que realmente entender a natureza da mudança em que está embarcando.

Portanto, hoje explicamos por que a mudança é necessária e apresentamos os diferentes tipos. Ao longo dos próximos três capítulos, conduziremos você através das três etapas de mudança de Lewin com maiores detalhes: descongelamento, movimento, recongelamento.

Perguntas (respostas no final)

1. Quais das afirmações seguintes são verdadeiras?

a) As organizações estão sobrevivendo mais tempo ❑
b) A necessidade de mudança é redutora ❑
c) As empresas estão fracassando num ritmo maior ❑
d) É fácil alcançar a mudança ❑

2. Sem mudança, o fim da sua organização:

a) não é claro ❑
b) é inevitável ❑
c) é possível ❑
d) nunca acontecerá ❑

3. Por que a mudança falha?

a) Por complacência ❑
b) Por falta de visão ❑
c) Por falha de comunicação ❑
d) Todas acima ❑

4. Por que você adotaria o melhoramento contínuo como estratégia de mudança?

a) É de baixo risco ❑
b) É de rápida implementação ❑
c) É a melhor abordagem ❑
d) Produz resultados impactantes ❑

5. Por que você tentaria uma mudança em etapas?

a) Para reduzir o risco ❑
b) Para evitar a ruptura do desempenho ❑
c) É a melhor abordagem ❑
d) Para produzir resultados impactantes ❑

6. Abordagens de sistemas flexíveis são melhores para:

a) problemas simples ❑
b) situações em que muitas pessoas são afetadas ❑
c) ajuste rápido ❑
d) iniciativas de mudanças complexas ❑

7. Abordagens de sistemas rígidos são melhores para:

a) problemas simples ❑
b) situações em que muitas pessoas são afetadas ❑
c) mudança cultural ❑
d) iniciativas de mudanças complexas ❑

8. Uma abordagem participativa à mudança é melhor do que uma direcionada:

a) sempre ❑
b) geralmente ❑
c) às vezes ❑
d) nunca ❑

9. A maioria das mudanças fracassa por causa de:

a) falta de planejamento ❑
b) falta de direção ❑
c) falta de atenção aos aspectos flexíveis da mudança ❑
d) falta de atenção aos aspectos rígidos da mudança ❑

10. Segundo Lewin, quantas são as etapas da mudança?

a) 2 ❑
b) 3 ❑
c) 4 ❑
d) 5 ❑

SEGUNDA-FEIRA

Descongelamento: criar o ímpeto para a mudança

No primeiro capítulo, vimos os tipos e as várias abordagens para lidar com a mudança. Neste capítulo, abordaremos os sinais que indicam se a mudança é necessária, como você a inicia e alguns dos problemas que poderá encontrar.
É habitualmente mais fácil aceitar o *status quo* – em especial quando as coisas parecem correr sem sobressaltos – do que fazer mudanças.

Não há nada mais difícil de planejar, de êxito mais duvidoso, nem mais perigoso de gerenciar do que a criação de um novo sistema. O iniciador tem a inimizade de todos os que lucrariam na preservação das velhas instituições e meramente defensores indiferentes naqueles que deveriam ganhar com as novidades.

Maquiavel (de *O príncipe*)

No entanto, compensa ser ousado e nenhuma organização se mantém sem evoluir. É invariavelmente melhor investigar a fundo o ambiente e identificar mudanças que possam ser necessárias, mesmo que somente em determinado momento do futuro, do que as ter jogadas em cima do seu colo de um momento para o outro, sem tempo suficiente para planejamento.

Uma coisa é você mesmo entender a necessidade de mudança, outra bem diferente é persuadir os outros dessa necessidade. Embora provavelmente seja incapaz de persuadir todos, você precisa de algumas pessoas que o apoiem. Iremos dedicar atenção particular a isso neste capítulo.

Um passo rumo ao desconhecido

A maioria das pessoas gosta de trabalhar dentro da sua zona de conforto. Há conforto na familiaridade e rotina, e em saber que você é competente naquilo que faz. Mesmo aqueles que dizem estar em busca de "um desafio" têm limites além dos quais receiam ir.

A mudança, tanto para o iniciador quanto para os que são por ela afetados, é muito parecida com uma viagem ao desconhecido. Você não consegue prever com rigor como as pessoas reagirão ou como novos processos e procedimentos funcionarão. Para os sujeitos à mudança, há várias questões e, muitas vezes, receio de que não conheçam a história toda. Eles podem se preocupar com o fato de os administradores de topo terem uma agenda oculta e de que as coisas serem, de fato, muito piores do que parecem.

Iniciar a mudança e trabalhar com ela é um assunto extremamente difícil. Como criar o ímpeto para que ela aconteça?

Em muitos casos, a necessidade de mudança é óbvia – uma reviravolta no mercado, um concorrente novo ou talvez alguma influência política. Nesses casos, todos estão conscientes de que "algo precisa acontecer". À primeira vista isso pode parecer um bom ponto de partida – a necessidade de ação é evidente, portanto deveria haver menos resistência. Porém, isso não é necessariamente verdadeiro. Mudanças substanciais impostas à organização de uma hora para a outra podem significar que o projeto inteiro foi apressado com demasiadas decisões precipitadas, com exceção da conveniência política e da falta de tempo para pensar nas consequências. Do ponto de vista dos que estão sujeitos à mudança – mesmo que saibam que ela é necessária –, todos têm os mesmos medos e preocupações.

Evitar a reação de pânico

É importante, então, evitar projetos de mudança de última hora que podem deixar todos bombardeados e contundidos. Isso reverte a algumas ações estratégicas básicas listadas a seguir:

- *Mantenha-se em contato com o que acontece em cada nível da organização*: aqueles que trabalham na ponta extrema, lidando com os clientes, fregueses ou pacientes, são muitas vezes os primeiros a detectar tendências e geralmente têm uma perspectiva realista da situação.

- *Olhe para o futuro* : é fácil ficar enrolado no presente e ser absorvido na infalibilidade do seu próprio produto e serviço. Pense na história real do fabricante da régua de cálculo que continuou sempre a fazer cada vez melhores réguas de cálculo e deixou de perceber o advento da calculadora!

- *Monitore seus concorrentes*: mantenha-se em contato estreito com seus clientes.

Isso não significa "analisar para paralisar", mas deveria ajudar a prever quando é provável que a mudança seja necessária e reservar algum tempo para pensar e planejar.

Alguns sinais de perigo

Os sinais de que a mudança é necessária estão muitas vezes presentes por algum tempo, mas passam despercebidos porque tudo parece estar correndo bem. Listaremos a seguir alguns dos sinais típicos de cilada:

- Os administradores acreditam que tudo ocorre bem. A empresa não perde dinheiro, portanto está tudo certo. A Marks & Spencer pode ter estado nessa situação em meados da década de 1990. Os lucros eram os melhores de todos os tempos, mas a satisfação dos clientes decaía. Apenas quando as vendas se ressentiram é que o problema se tornou sério, e desde então a empresa tem trabalhado duro para recuperar sua reputação. Os números mais recentes indicam que eles tiveram grande sucesso nisso.

- Outro sinal de perigo frequentemente citado é estampar símbolos de êxito em demasia. O prédio palaciano dos escritórios principais, mobília cara e carpetes grossos são todos exemplos, assim como retratos nas revistas *Financial Times* e *Forbes*.
- Os baixos padrões de desempenho levam a um quase inevitável fracasso. Isso frequentemente vem de uma falta de comparação externa – a empresa pode pensar que está se dando bem, quando de fato não está. Um exemplo disso é quando uma companhia fica de repente em choque por descobrir que, quando acabou o prazo da proteção da sua patente, seus concorrentes estão vendendo seu produto a preços abaixo do seu custo de fabricação.
- Padrões de desempenho inapropriados também são perigosos. Às vezes, padrões são estabelecidos porque são fáceis de mensurar e alcançar, em vez de serem apropriados.
- Algumas companhias descobrem que estão baseadas demais em funcionalidade ou são demasiadamente hierárquicas para permitir flexibilidade e a rapidez de trabalho necessária para competir. A dolorosa reestruturação é muitas vezes necessária.
- A arrogância é um dos maiores problemas. No inquérito de estudos de aferição feito pela IBM e pela London Business School, foi verificado que as melhores empresas estavam quase sempre preocupadas em não ser tão boas quanto a concorrência (uma forma de paranoia corporativa), enquanto as empresas meramente boas se iludiam acreditando ser melhores do que todas as outras.

Burning platforms

Como vimos antes, segundo John Kotter, o primeiro erro comum ao tentar implementar a mudança é não criar urgência no resultado. Criar uma *burning platform* (plataforma incendiada) é uma maneira de gerar um senso de urgência.

A analogia da plataforma incendiada vem de um desastre num poço petrolífero do Mar do Norte. Um dos envolvidos descreveu a decisão que teve de tomar: dar um salto de 30 metros para o mar e quaisquer outras obstruções invisíveis sob as águas, algo que ele fora sistematicamente treinado para não fazer, ou ficar na plataforma com o fogo. A pressão do fogo foi finalmente tão grande que ele saltou. Por sorte, foi encontrado na água e resgatado.

Em termos empresariais, criar uma plataforma incendiada é forçar a organização a fazer uma escolha, a fazer rapidamente algo que nunca faria naturalmente.

Como se faz isso?

- Enfatizar um mau resultado financeiro é uma maneira. Por meio de um judicioso uso da baixa contábil de estoques, contingências de estoques e outras técnicas financeiras, um desempenho pobre pode ser exagerado para impressionar. A perda de lucro resultará muitas vezes num choque.
- Projetar tendências futuras é outra maneira. Se você está perdendo uma fatia de mercado, qualquer previsão daqui a dez anos demonstrará um futuro muito deprimente.
- Faça de um concorrente um bicho-papão, usando a perda de negócios para ele num segmento como um exemplo do que pode acontecer ao negócio inteiro.

Criar uma *burning platform* na Philips

Pouco depois de se tornar CEO da Philips, em meados da década de 1990, Jan Timmer precisava chamar a atenção da equipe do conselho de administração da companhia e comunicar a gravidade da situação que enfrentavam. Convocou uma reunião dos cem principais executivos seniores da companhia e distribuiu um memorando anunciando a falência da corporação. Esse foi um primeiro passo para reverter a prosperidade financeira do negócio, o que aumentou o preço das ações em 150% ao longo dos quatro anos seguintes.

Criar uma *burning platform* no Svenska Handelsbanken

Igualmente, pouco depois de assumir o controle como presidente do Svenska Handelsbanken, o Dr. Jan Wellander tinha o problema de comunicar a grave natureza do baixo desempenho da companhia. O banco estava bem estabelecido, era muito tradicional em sua abordagem e, embora lucrativo, não estava tendo um bom desempenho. Wellander cancelou a celebração do centenário do banco e de repente teve a atenção de todo o mundo.

Portanto, *burning platforms* são uma ferramenta importante no descongelamento, criando o ímpeto para a mudança.

A fórmula da mudança

Haverá uma fórmula mágica para implementar a mudança?

A mudança, por sua natureza inerente, é complicada – e difícil de gerenciar e controlar. Quanto maior a chance, mais complicada geralmente se torna, por isso não há fórmula mágica. No entanto, David Gleicher, um consultor na Arthur D. Little, na década de 1960, propôs um método muito útil de encarar a mudança. Segundo seu argumento, a mudança organizacional ocorreria apenas quando a insatisfação com a situação corrente, o desejo da meta futura e o conhecimento da primeira etapa para chegar lá se combinassem para sobrepujar os custos envolvidos. Isto foi expresso no formato de uma fórmula:

$$C \times I \times V > P$$

em que:

C representa **C**onhecimento das primeiras etapas práticas.
I representa **I**nsatisfação com o *status quo*.
V representa o desejo da **V**isão do futuro.
P representa o **P**reço, tanto material quanto psicológico, de fazer algo.

Os sinais de multiplicação nessa fórmula estão incluídos para representar como os fatores se combinam. Também significa que, se algum desses fatores está faltando (isto é, se o valor desse fator for zero), a mudança não ocorrerá.

A fórmula também pode ser usada como lista de verificação. Por exemplo:

- Estamos todos realmente descontentes com a situação?
- Temos uma perspectiva consistente e partilhada de onde queremos estar?
- Sabemos quais são as primeiras ações para seguir adiante?
- Calculamos o verdadeiro preço (tanto material quanto psicológico) de fazer a mudança?

A fórmula da mudança também enfatiza a importância da comunicação, especialmente as realidades da situação atual e a visão do futuro.

Gerenciar a comunicação

A comunicação é como o óleo em uma máquina. Sem ela, todas as peças param: coloque o óleo errado e o resultado é semelhante; deixe-o entrar em lugares onde não deveria estar e você terá um problema sério.

Garantir comunicação efetiva é importante em qualquer fase do processo de mudança, mas é particularmente importante no seu início. O que acontecer nessa etapa irá preparar o palco para etapas futuras do projeto.

Há várias questões críticas a serem consideradas:

- *Quão aberto você deverá ser?*
  Isso irá depender da situação – claramente há algumas situações em que você não pode ser aberto. No entanto, a regra geral é dizer às pessoas o máximo possível – levá-las a acreditar em você aumentará a confiança de todos. De qualquer modo, a maioria das pessoas não é estúpida e irá adivinhar o que está acontecendo.
  O grau de abertura dependerá do que você estiver tentando alcançar. Há casos em que é melhor deixar as más notícias escoarem lentamente porque você não pode se dar ao luxo de uma súbita reação adversa como a demissão de indivíduos essenciais.

- *Que métodos de comunicação você deverá usar?*
  Na maioria dos casos, quanto mais pessoal for a comunicação, melhor. *E-mail*, carta, vídeo raramente são adequados. A comunicação implica um processo de duas vias, e estar cara a cara com as pessoas permite que você avalie a reação delas e dissipe mal-entendidos muito mais rapidamente.
  Todas as regras normais de comunicação ainda se aplicam. Diferentes grupos de pessoas responderão melhor a diferentes abordagens. Algumas irão querer reuniões de um para um; outras irão preferir fatos e números; mas desejarão levar com eles informações para ler. Todavia, os pontos-chave que todos irão querer saber são:
  – Quais são as mudanças?
  – Por que estão acontecendo?
  – Qual será o resultado final?
  – O que isso significará para mim?
  A dificuldade é que a mais importante dessas perguntas (a última) também é a mais difícil de responder. De fato, a resposta pode não ser conhecida nas primeiras etapas do processo de mudança. A melhor abordagem é ser direto. Demonstre que entende de como as pessoas se sentem, mostre uma apreciação da incerteza, mas mantenha uma atitude positiva.

- *Como você controlará a comunicação?*
  Você apenas pode gerenciar e controlar parte da comunicação. Você não consegue controlar diretamente a transmissão de notícias – é tão fácil enviar cópia para dezenas de pessoas que o autor pode mais tarde se arrepender. A chave aqui é manter um ouvido aberto ao que está sendo transmitido ou aos rumores.

O outro elemento para controlar a comunicação é manter um registro do que, foi dito em reuniões e garantir que quando uma questão for combinada, ela seja registrada sem ambiguidade.

DICAS

- *Quanto mais cedo identificar a necessidade de mudança, menos dolorosa ela será.*
- *No curso da criação de insatisfação com o presente, não se esqueça de procurar as pessoas essenciais; é difícil substituir bons funcionários, e você precisará das capacidades e experiência deles durante o processo de mudança.*
- *Guarde registros meticulosos das reuniões; escrever esboços de minutas e enviá-las aos envolvidos é muitas vezes uma boa maneira de avaliar a profundidade dos sentimentos.*
- *Sem ser muito manipulador, torne alguns dos envolvidos seus confidentes e peça-lhes para providenciar o feedback sobre o que está sendo falado nas suas costas.*
- *Crie um plano de comunicação para o projeto inteiro. Embora a comunicação efetiva seja crítica nas etapas iniciais, é fácil esquecer-se de transmitir informações mais tarde, quando estiver muito envolvido numa miríade de ações.*

Resumo

A maioria das grandes organizações, em algum momento, torna-se complacente. Elas podem perder a mudança no mercado e de repente o negócio começa a fugir da mão. Essa fuga talvez não seja vista por todos, portanto a organização pode ser lenta a reagir.

Criar uma *burning platform* é um bom começo – criá-la torna a necessidade de mudar uma realidade. Mas a insatisfação com o *status quo* não é suficiente para criar mudança. Você precisará de uma visão do futuro e conhecimento de como dar os primeiros passos para chegar lá.

Se a organização não estiver preparada para a mudança, ela não acontecerá. O descongelamento, portanto, é essencial para que a mudança ocorra com êxito, ajudando a criar as condições certas para a segunda etapa, "movimento", o qual é a transição para onde você quer ir – mas isso é assunto para o próximo capítulo.

Perguntas (respostas no final)

1. **A necessidade de mudança sempre será:**

a) óbvia para todos ❑
b) imediatamente reconhecida ❑
c) ostensivamente aparente ❑
d) reconhecida inicialmente apenas por alguns ❑

2. **Quanto mais cedo for identificada a necessidade de mudança:**

a) melhor ❑
b) mais confusão acontece ❑
c) mais ela irá custar ❑
d) mais difícil será administrá-la ❑

3. **Qual dos seguintes fatores não é um sinal de perigo?**

a) Arrogância ❑
b) Controles funcionais rígidos ❑
c) Aferição externa ❑
d) Símbolos de sucesso ❑

4. **Reações de pânico às mudanças no ambiente deveriam ser:**

a) esperadas ❑
b) incentivadas ❑
c) a regra ❑
d) evitadas ❑

5. **A primeira etapa em qualquer projeto de mudança deveria ser:**

a) pânico cego ❑
b) fazer a mudança ❑
c) descongelamento ❑
d) ignorar a necessidade de mudar ❑

6. **Criar uma *burning platform* deveria:**

a) causar pânico ❑
b) criar uma sensação de medo ❑
c) ocultar as questões em fumaça ❑
d) criar um senso de urgência ❑

7. A mudança requer

a) uma visão ❑
b) insatisfação com o *status quo* ❑
c) um conhecimento dos primeiros passos a dar ❑
d) todas as respostas acima ❑

8. A comunicação com a equipe sobre uma mudança de projeto é:

a) melhor ser evitada ❑
b) opcional ❑
c) importante ❑
d) a única coisa que importa ❑

9. Comunicar-se durante um projeto de mudança deveria sempre ser feito:

a) pessoalmente ❑
b) por e-mail ❑
c) por todos os meios disponíveis ❑
d) por boatos e fofoca ❑

10. A pergunta-chave para a equipe numa mudança grande será:

a) por que mudar? ❑
b) o que mudará? ❑
c) quando acontecerá a mudança? ❑
d) como ela me afetará? ❑

TERÇA-FEIRA

Em movimento: a montanha-russa da mudança

No capítulo anterior, falamos sobre a preparação para a mudança, a qual chamamos de "descongelamento". Agora, todo o assunto será sobre o "movimento", a etapa em que a mudança de fato acontece. Essa é a fase em que a incerteza realmente se insinua, tanto da perspectiva do iniciador quanto do ponto de vista dos que são afetados por ela. O iniciador pode achar que tudo pode não estar correndo exatamente como esperado – talvez porque as pessoas que pareciam "apoiar" reagissem negativamente ou os sistemas não tenham funcionado como deveriam. Aqueles afetados pela mudança podem reagir mal porque começam a perceber que ela está realmente acontecendo e os estão afetando pessoalmente. (É muito fácil você partir do princípio de que não será afetado por nenhuma mudança, sobretudo se está há muito tempo na sua empresa.)

Esse é o momento em que há um aumento das emoções e o risco de que introspecção demais afete a gestão cotidiana do negócio, por isso é importante manter em perspectiva o que está acontecendo.

Neste capítulo, além de abordar o processo de mudança do ponto de vista dos envolvidos – como administrador, é importante que você saiba como os outros se sentem perante o que vem acontecendo –, olharemos para maneiras diferentes de trabalhar ao longo do processo: colaboração, consulta e comunicação.

O receptor da mudança

Considere por um momento a última vez em que foi confrontado por uma mudança de grandes proporções no trabalho. Talvez seu chefe tenha se demitido sem aviso-prévio; a empresa tenha anunciado uma reorganização, fundindo o seu departamento com outro; ou você tenha recebido a notificação de que o seu gabinete seria fechado. Qual foi sua primeira reação?

O mais provável é que tenha ficado em choque, abanando a cabeça, quase não acreditando. Isso até pode ter ocasionado uma sensação de raiva: "Por que isto está acontecendo?", e em particular: "Por que comigo?"

Essas reações são naturais – todas as pessoas respondem à mudança de modo semelhante. No entanto, aqueles que iniciam a mudança muitas vezes se esquecem de como é estar na extremidade do receptor. Então, ficam surpresos com a reação daqueles que são afetados por ela. Por que é assim?

> Do ponto de vista de quem que inicia a mudança:
>
> "A mudança é pequena, sabemos que ninguém perderá o emprego e a reorganização ganhará muita eficiência. Haverá uma realocação de tarefas e da forma de se reportar, mas eles se habituarão a isso em alguns dias."

> Mas para os receptores, muitas vezes, são mudanças que eles não querem e não conseguem controlar:
>
> "A mudança parece ser extensa, a administração está dizendo que não haverá demissões, mas com todos esses ganhos de eficiência realmente não acredito. O trabalho será diferente, não tenho certeza se gostarei tanto do novo cenário quanto do antigo. Trabalharei com meus amigos? Vou subir ou descer na hierarquia? E quanto àquele aumento de salário/promoção que me tinha sido prometido na minha última avaliação?"

Aqueles que enfrentam a mudança têm muito mais perguntas sem resposta, dependendo de sua situação particular e das circunstâncias. O modo de gerenciar a mudança efetivamente é entender isso e a montanha-russa na qual a equipe está prestes a embarcar. Desse modo, você conseguirá planejar as dificuldades mais óbvias e não será surpreendido pelas reações das pessoas.

ELES SOBREVIVERAM A ISSO, AGORA, VAMOS VER SE CONSEGUEM AGUENTAR O SALTO!

A montanha-russa da mudança

Muitas pessoas escreveram sobre a montanha-russa da mudança, como resultado tanto de pesquisa quanto de experiência. Iremos descrever duas abordagens similares. A primeira relaciona-se com mudanças no desempenho e na autoestima (ver a figura abaixo).

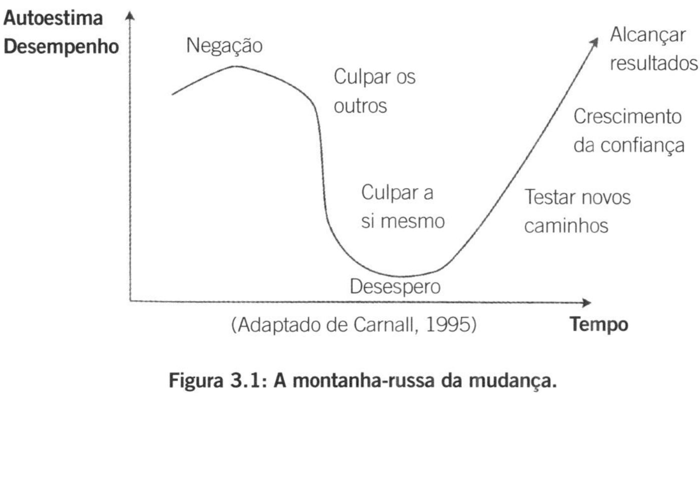

Figura 3.1: A montanha-russa da mudança.

Alguns argumentariam que a mudança no desempenho fica ligeiramente atrás da mudança na autoestima, mas o gráfico fica muito similar. A montanha-russa começa com a negação: a mudança não é necessária, nunca acontecerá, nunca dará resultado. As pessoas, então, culpam os outros pela necessidade de mudança, culpam-se por não a terem visto chegando e não terem saído do caminho, e terminam nas profundezas do desespero. Finalmente, a mudança não pode ser ignorada. Gradualmente, as pessoas começam a testar o que podem fazer e, por tentativa e erro, desenvolvem novas maneiras de trabalhar, e a nova equipe começa a se formar. À medida que isso acontece, a confiança cresce e o desempenho melhora.

A segunda abordagem diz respeito ao tipo de reação emocional, passiva ou ativa, e tem oito etapas distintas.

1. A situação inicial precedendo o anúncio da mudança é neutra e representa o *status quo*.
2. Segue-se a imobilização. Esta surge como resultado do choque, conforme aqueles que encaram a mudança indesejada ficam desorientados e confusos.
3. Negação: a mudança é rejeitada ou as pessoas tentam ignorá-la.
4. Raiva: a mudança não desaparece e a negação se transforma em raiva desencadeada por mágoa e frustração. As pessoas brigam com aqueles que estão ao seu redor.

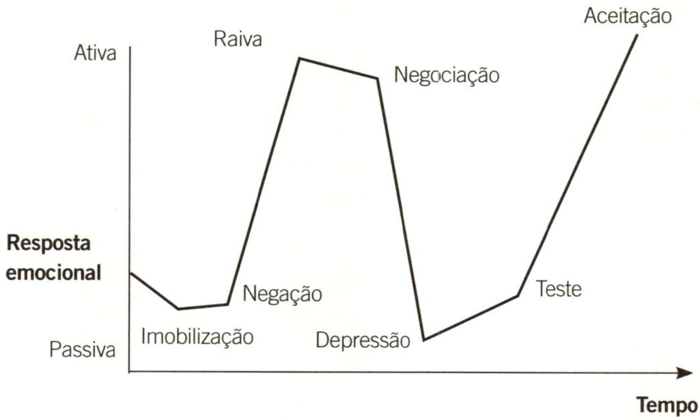

(Adaptado de Connor, 1992 © ODR)

Figura 3.2: Respostas emocionais à mudança negativa.

5. Negociação: como os indivíduos percebem que a mudança não pode ser evitada, começam a negociar para minimizar o impacto negativo. Isso pode acontecer em termos de extensão dos prazos, pedidos de esclarecimento ou transferências para um cargo novo. Isso representa o início da aceitação da mudança.
6. Depressão: os indivíduos têm um senso de resignação, possivelmente uma sensação de impotência diante da mudança. Isso leva a baixos níveis de energia e falta de interesse no emprego. Emocionalmente, essa fase é aquela em que o impacto negativo inteiro da mudança é reconhecido e aceito, o que ajuda no processo de reconquista do controle.
7. Reconquistar o controle vem por meio de teste e reconhecimento da nova maneira de trabalhar, enquanto se forçam os limites do que é permitido. Isso leva à descoberta de como ter êxito sob o novo regime.
8. Aceitação: isso não quer dizer que os indivíduos gostem da nova maneira de trabalhar, mas que aceitam as metas que emergiram e se estabelecem em uma nova forma de normalidade.

Gerenciar o movimento

A experiência demonstra que se resistirá à mudança e que gerenciar a transição requer ajudar os indivíduos durante a sua montanha-russa pessoal. Isso deve incluir:

- aceitar a reação à mudança e não ser surpreendido por ela;
- planejar para o declínio em desempenho durante a transição;
- dar informações e apoio a quem necessite;
- contar com a raiva e a reação aparentemente irracional quando ocorrer;
- negociar realisticamente, recuar naqueles pontos que podem ser concedidos, mas não naqueles fundamentais à mudança;
- ajudar as pessoas a experimentar as novas formas de trabalhar;
- estabelecer objetivos e metas à medida que a situação fica mais clara, de modo a dar às pessoas a chance de ser bem-sucedidas de novo.

Percepções de mudança pela administração

Hoje, até este ponto, consideramos as reações à mudança daqueles que estão sujeitos a ela. No entanto, há outra viagem feita por aqueles que iniciam a mudança, aqueles que começam com uma perspectiva positiva do que está sendo proposto.

Por um momento, considere a última vez que tentou fazer uma mudança no trabalho. Você arrancou com boas intenções, e os benefícios estavam ali, à vista de todos. Mas então a mudança passou a se revelar difícil. Talvez os sistemas usados não fossem tão flexíveis quanto você pensava, por ter achado a alteração muito pesada, e a equipe não cooperou. De repente, os benefícios não pareceram tão tentadores como antes. Portanto, o que você poderia ter feito?

O que acabamos de descrever é como as pessoas reagem quando implementam a mudança: elas vão de um otimismo desinformado para um pessimismo informado (veja a figura abaixo). Então há duas opções: sair quando o caminho fica duro demais ou o progresso continuado.

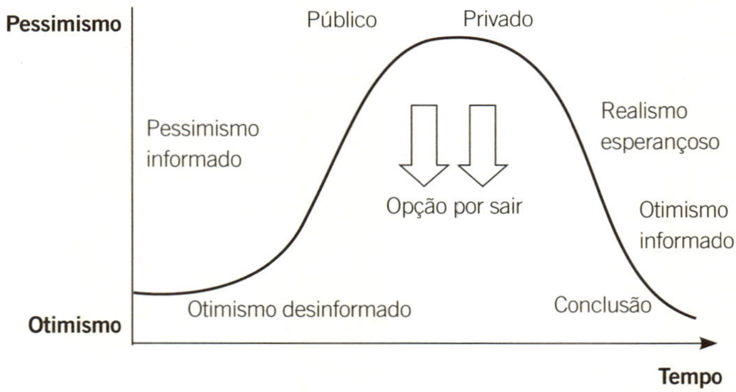

(Adaptado de Connor, 1992 © ODR)

Figura 3.3: A resposta do iniciador à mudança.

A opção por sair é mais frequente nos projetos de mudança. Diferentemente do receptor, o iniciador tem a vantagem de ser capaz de abandoná-la, e é por isso que muitas tentativas de mudança fracassam. As pessoas podem optar por sair publicamente, anunciando o fim da iniciativa, ou podem fazê-lo em privado, simplesmente deixando a iniciativa esmorecer e ser sobrepujada por outros eventos. A última é vista mais vezes nos negócios, mas significa que as razões para o fracasso nunca são levantadas nem discutidas. Uma série de "opções de saída privadas" pode levar, com o tempo, uma organização a se tornar quase incapaz de fazer mudanças.

Quando não ocorre a opção de saída, a etapa seguinte é o realismo esperançoso. As dificuldades não estão ultrapassadas, mas talvez o iniciador da mudança possa ver uma maneira de atingir o objetivo. Quando bem-sucedido, isso leva ao otimismo informado e à conclusão da tarefa.

As opções para a mudança

Ao projetar a mudança, há basicamente três modos de trabalhar:

- colaboração;
- consulta;
- comunicação.

Colaboração

A colaboração ocorre quando membros de uma equipe trabalham juntos no decurso de um programa de mudança. Obviamente, nem toda a equipe tem o mesmo *status* ou opinião sobre o que acontece, mas, durante a colaboração, trabalha em conjunto para desenvolver o plano e realizar a mudança.

A colaboração tem algumas vantagens:

- cria um entendimento de por que a mudança é necessária;
- capacita indivíduos com experiência e habilidades diversas a se envolver nas decisões de mudanças essenciais;
- faz crescer o empenho para a implementação da mudança;
- cria uma massa crítica de pessoas para ajudarem a levar a mudança adiante.

Contudo, a colaboração tem as suas desvantagens:

- leva tempo para criar e montar a equipe;
- pode não haver consenso quanto ao melhor curso de ação;
- a equipe, trabalhando por si mesma, pode ficar isolada do resto da organização.

Consulta

A consulta ocorre quando o trabalho de um indivíduo ou grupo é apresentado a outros para aceitação, antes de ser implementado. Isso muitas vezes acontece quando são usados consultores externos, porque seu trabalho deveria ser examinado antes de ser implementado. Também ocorre em organizações democráticas em que os membros são consultados, e está cada vez mais em negócios mais participativos.

A consulta tem algumas vantagens:

- cria um entendimento de por que a mudança é necessária;
- permite considerar perspectivas alternativas;
- pode reduzir a resistência à mudança.

Mas a consulta também tem suas desvantagens:

- leva tempo para empreender, especialmente em grupos maiores;
- não necessariamente significa que a mudança será aceita.

Comunicação

A comunicação ocorre quando as pessoas são informadas da mudança e têm pouco ou nada a dizer sobre o que está acontecendo. Essa abordagem à mudança está se tornando menos usada no meio empresarial, mas é útil para situações de crise – talvez o exemplo mais óbvio seja uma situação de guerra. Para que a comunicação simples funcione, é requerido um grau de disciplina e coerção. Não espere, porém, que só por comunicar a mudança, não espere que ela seja seguida de boa vontade.

Um exemplo

Habitualmente a escolha não é entre essas três opções. A escolha é *quem* envolver em *quais* aspectos da mudança e *quando*. O breve exemplo seguinte demonstrará isso.

Um negociante de uma construtora queria aplicar um novo sistema de desempenho administrativo na sua rede de filiais, mas estava preocupado em como garantir a aceitação dos diferentes níveis da equipe de gerenciamento. O projeto começou com uma pequena equipe que planejou a abordagem inicial. Para conquistar o apoio dos gerentes regionais, foi dado a estes um curso de um dia, junto com o resto da equipe de administração, sobre teoria e prática da nova abordagem. No final dessa sessão, foi apresentado um esboço do que a empresa estava tentando fazer, e o grupo inteiro discutiu a mudança.

A seguir a esse lançamento, foi criada uma equipe piloto, ampliando a equipe original do projeto ao incluir outros representantes. No decurso dos três meses seguintes, a equipe piloto se reuniu num ritmo regular e exercitou o novo sistema de gerenciamento. Uma vez por mês, eles voltavam e apresentavam suas descobertas aos gerentes regionais, que discutiam o plano e faziam sugestões. Nesse momento, como a mudança estava pronta para a equipe de administração ampliada, e foi alugado um centro de convenções e todos os gerentes da companhia foram convidados para a comunicação do projeto.

Essa abordagem prosseguiu à medida que o projeto foi desenvolvido e replicado pela companhia inteira.

Esse exemplo mostra que as três abordagens não são mutuamente excludentes, mas que você tem de fazer uma escolha quanto a "quem envolver no que e quando".

DICAS

• Esteja preparado para que o foco da organização se volte acentuadamente para o interior; esta pode ser uma autêntica preocupação se pessoas demais ficam mais preocupadas com o que está acontecendo internamente em vez de irem atrás dos clientes.

• Mantenha a porta aberta, de modo que as pessoas possam expressar suas preocupações, mas não ceda em questões importantes.

• A mudança é dura para os iniciadores assim como para aqueles que estão na extremidade receptora da mudança; esteja preparado para isso.

• Pode ser útil construir uma rede de apoio entre os administradores que estão implementando as mudanças. Isso pode envolver agendar reuniões regulares, mas informais, de grupos menores (três a quatro pessoas) para discutir como elas lidaram com os problemas decorrentes das mudanças.

Resumo

A mudança é difícil tanto para o receptor quanto para o iniciador da mudança. Cada um deles tem sua própria viagem, e quer você seja iniciador ou receptor, deverá estar preparado para embarcar na montanha-russa.

Ao gerenciar a mudança, você pode escolher entre colaborar, consultar e comunicar. Cada abordagem tem suas próprias vantagens e reversos da medalha. Mas a pergunta crítica que se deve fazer é: "Quem envolvemos no quê e quando?" Faça essa pergunta continuamente, até que a mudança esteja comprovadamente completa e bem incorporada nas práticas laborais e na cultura da organização.

Durante a mudança, as pessoas muitas vezes se tornam focadas internamente e ficam obcecadas com o que acontece na organização. Isso é perigoso, já que elas perdem de vista o cenário global – o que os clientes, concorrentes e mercados estão fazendo. Para as organizações sobreviverem, elas têm de ter a capacidade de mudar e se adaptar enquanto ainda mantêm o olhar focado no próximo grande problema; caso contrário, elas ficam sempre atrás da concorrência.

Portanto, no final deste capítulo, as mudanças foram implementadas. Mas atenção: a mudança tem um péssimo hábito de se desemaranhar. Incorporar a mudança – ou recongelar – é o assunto do próximo capítulo.

Perguntas (respostas no final)

1. A primeira reação à mudança sempre é:

a) raiva ❑
b) culpar as pessoas ❑
c) negação ❑
d) representar ❑

2. Durante a mudança é de esperar que o desempenho:

a) aumente ❑
b) permaneça mais ou menos estático ❑
c) decline ❑
d) seja imprevisível ❑

3. Durante a mudança você deve negociar, mas ceder:

a) a nada ❑
b) a todo pedido ❑
c) pontos que não debilitem a mudança ❑
d) somente quando necessário ❑

4. As pessoas que fazem a mudança precisarão de:

a) experimentar novas formas de trabalhar ❑
b) fazer o que lhes dizem ❑
c) seguir cegamente os novos processos ❑
d) esperar por instruções ❑

5. Durante a mudança as pessoas se comportam de modo:

a) totalmente racional ❑
b) completamente irracional ❑
c) racionalmente, a partir da perspectiva delas ❑
d) imprevisível ❑

6. Para os administradores da mudança:

a) não há envolvimento emocional ❑
b) é emocionalmente exigente ❑
c) é uma vida fácil ❑
d) seu futuro está garantido ❑

7. A consulta é:

a) a forma mais colaborativa de mudança ❑
b) inútil ❑
c) o único caminho a seguir ❑
d) útil na redução da resistência à mudança ❑

8. A mudança colaborativa:

a) é rápida e fácil ❑
b) aumenta o empenho para a implementação ❑
c) é sempre bem-sucedida ❑
d) é o último recurso ❑

9. Comunicar uma mudança:

a) significa que todos a seguirão ❑
b) não quer dizer que as pessoas a seguirão de bom grado ❑
c) não tem qualquer efeito ❑
d) é uma perda de tempo ❑

10. Durante a mudança, as preocupações das pessoas deveriam ser:

a) ridicularizadas ❑
b) expressadas, mas depois ignoradas ❑
c) escondidas da administração superior ❑
d) escutadas com atenção e apropriadamente resolvidas ❑

QUARTA-FEIRA

Recongelamento: fazer a mudança se consolidar

Dizem que "velhos hábitos custam a morrer", e é surpreendente como é difícil mudá-los: eles se tornam arraigados; transformam--se em uma parte confortável e mesmo automática de "como as coisas funcionam". Você apenas tem de pensar sobre sua vida pessoal: talvez seu percurso para o trabalho, simplesmente o modo como faz as coisas. Mesmo que lhe seja mostrado um melhor caminho para ir ao trabalho ou uma maneira melhor de fazer algo, você pode ficar cético quanto a adotar quaisquer novas abordagens até as ter experimentado e testado diversas vezes. Quando vir que as novas abordagens são melhores, elas se tornarão novos hábitos e você se sentirá confortável com eles.

Portanto, se você é um administrador implementando mudanças, precisa garantir que elas se consolidem e tornem-se parte do trabalho cotidiano. É fácil demais os antigos hábitos voltarem, assim que a excitação e o ímpeto inicial do projeto se esgotam. Em muitas organizações, pode-se perceber que as pessoas prestam serviço à mudança da boca para fora, mas não se envolvem plenamente com ela. Em alguns casos, os funcionários se esforçam muito para usar métodos antigos. As mudanças têm de se transformar em hábitos.

Recongelamento

A terceira etapa da mudança é frequentemente chamada de "recongelamento". À medida que a mudança torna-se a regra, o "recongelamento" não mais é considerado apropriado, pois espera-se que mais mudanças sejam, em breve, necessárias para impulsionar de novo o negócio. No entanto, a mudança precisa ser estabelecida de algum modo; caso contrário, os benefícios serão perdidos assim que a organização retornar às antigas formas de trabalho.

AINDA NÃO CHEGOU LÁ

Hoje trataremos sobre a consolidação da mudança. Idealmente, os benefícios das novas formas de trabalhar serão tão evidentes para todos que estas serão assumidas e aceitas pela organização inteira. Todavia, isso raramente acontece e, mesmo que tal situação utópica seja alcançada, os sistemas da empresa muitas vezes a debilitarão.

Tome o exemplo de um varejista que vende equipamento para o ramo eletricista. Por muitos anos, cada ponto de revenda havia sido tratado como um centro de lucro, o que levava os gerentes locais a se focar em administrar seu próprio negócio. Como efeito colateral, todas as lojas competiam, não só com seus concorrentes, mas entre si. Isso não era bom para o negócio como um todo, e todo o mundo sabia disso. Mas a competição prosseguiu até que o sistema de reconhecimento e recompensa foi mudado. Removeu-se o incentivo para as lojas concorrerem umas com as outras, e a prática logo cessou.

Hoje vamos abordar a incorporação da mudança sob três perspectivas:

- consolidar a mudança na estrutura da organização;
- consolidar a mudança no sistema de reconhecimento e recompensa da organização;
- consolidar a mudança na cultura da organização.

Consolidar a mudança na estrutura da organização

Essa é uma das mais simples e efetivas formas de consolidar a mudança, como ilustrado pelos seguintes exemplos.

Aquisições de agências de vendas automotivas

Um diretor não teve nenhum problema em integrar novas oficinas de reparação à sua rede de concessionárias de automóveis. Sua abordagem foi demitir todos os funcionários existentes, colocar lá seu próprio gerente e recrutar uma equipe inteiramente nova. Dessa maneira ele não foi prejudicado por todas as práticas antigas.

Uma companhia distribuidora

Uma companhia distribuidora tinha uma rede de pontos de venda a partir da qual sua frota de caminhões operava. Para garantir que a organização não se tornasse fossilizada, a empresa tinha uma política informal de encerrar cada filial após sete anos. Isso era conseguido estabelecendo novas filiais o tempo todo e deslocando o trabalho entre aquelas mais antigas e as novas.

A empresa conseguia alterar maneiras de trabalhar e não ficar restringida por práticas do passado.

Permutar o desempenho

Uma organização com uma rede de reparos tinha cobertura nacional no Reino Unido. As filiais com desempenho fraco eram sustentadas por ajuda externa. No entanto, se isso demonstrasse ser muito difícil, uma alternativa seria fechar a filial e reabri-la com uma nova equipe. Isso era possível deslocando o trabalho por intermédio do *call center* nacional para filiais adjacentes e igualmente realocando o pessoal.

A filial poderia, então, ser reaberta algumas semanas depois com uma equipe completamente nova que não tinha as restrições das antigas formas de trabalho. Essa abordagem proporcionava regularmente resultados espetaculares.

Projetar a estrutura da organização

Um fabricante norte-americano de componentes automotivos estava montando uma nova fábrica na Europa para fornecer a dois dos maiores fabricantes de automóveis. Conscientes da sua história dos problemas com sindicatos nos EUA, decidiram adotar uma abordagem radical para a nova fábrica. Para atingir um grau extremamente elevado de foco no cliente, construíram a fábrica com duas linhas de produção, cada uma servindo a um dos dois clientes. Embora as duas linhas fossem no mesmo local, havia uma equipe de gerenciamento separada para cada linha e um mínimo de serviços partilhados. Cada usina então se focava totalmente em servir seu próprio cliente sem as normais disputas internas com que a companhia havia se acostumado a lidar. Havia custos adicionais porque agora existiam duas equipes de gerenciamento distintas, mas eles eram mais do que compensados em serviço ao cliente e produtividade.

Infelizmente, uma das usinas perdeu seu negócio num declínio comercial. A resposta da companhia foi simplesmente encerrar essa linha de produção. Isso foi conseguido em dias, enquanto, com a antiga estrutura, um problema semelhante nos EUA teria levado meses para ser resolvido.

Gerenciar por meio da estrutura

Como você pode ver a partir desses exemplos, gerenciar por meio da estrutura pode ser uma forma altamente eficaz de alterar o desempenho. Também é muito brutal, mas com barreiras comerciais em queda e concorrência global está se tornando cada vez mais fácil para as grandes companhias gerenciar o desempenho dessa maneira.

Considere o grande número de encerramentos recentes de fábricas de carros no Reino Unido; estes mudaram o rosto da indústria. Mesmo que o encerramento não seja efetuado, a ameaça de levar o emprego para qualquer outro lugar pode muitas vezes criar uma *burning platform* para fazer mudanças radicais rapidamente.

Mudar a estrutura e a comunicação pode incorporar a mudança. Isso imediatamente destaca onde os problemas estão acontecendo, onde há resistência, o que permite à administração concentrar seus esforços precisamente no ponto necessário. No entanto, nem toda mudança pode ser gerenciada pela estrutura. Aqui estão as abordagens alternativas.

Consolidar a mudança no sistema de reconhecimento e recompensa da organização

Uma das principais razões por que as iniciativas de mudança não se consolidam é o fato de os sistemas de apoio não estarem alinhados com ela. Quando esta é implementada, os sistemas de apoio, incluindo medidas de incentivos, reconhecimento, recompensa e desempenho, deveriam, no mínimo, ser neutros à mudança. Vezes demais esses sistemas atuam contra ela. Para realmente impulsionar a alteração, os sistemas deveriam estar alinhados com ela.

Há duas perguntas a fazer:

- Se você fosse avaliado pelas medidas de desempenho existentes, como se comportaria?
- É esse comportamento um apoio à nova forma de trabalhar?

Similarmente com incentivos, reconhecimento e recompensa:

- Se você fosse recompensado segundo o sistema de gratificação existente, como você se comportaria?
- É esse comportamento um apoio à nova forma de trabalhar?

Se, em cada caso, a resposta à segunda pergunta for "não", então os sistemas de avaliação e recompensa precisam ser realinhados com a mudança.

Alinhamento – um exemplo

Uma empresa nacional de serviços de reparos gastou dois anos projetando e implementando um novo sistema de avaliação de desempenho, que eles produziram para os seus gerentes de filiais. No final do lançamento, eles haviam alcançado algum foco adicional sobre os aspectos específicos do negócio, mas o melhoramento esperado no conselho de administração não aconteceu. Isso se deveu, em parte, porque os funcionários ainda eram remunerados numa base salarial fixa. A maneira como eles maximizavam sua remuneração era fazendo horas extras, o que saía caro para a companhia e não beneficiava o negócio nem o cliente.

A empresa depois mudou a prática e aboliu efetivamente as horas extras. Os trabalhadores recebiam um salário fixo, mas os ganhos adicionais vinham de completar serviços adicionais acima da média requerida. Esse novo sistema de bônus motivou um aumento na produtividade porque foram dados incentivos para aumentar o número de serviços que completavam em uma semana. Isso incentivou o mesmo apoio fora de hora aos clientes que o negócio requeria, mas com um custo menor. Também melhorou a produtividade e lucratividade como um todo.

A empresa também estava preocupada com a qualidade da mão de obra. Por essa razão, o regime de incentivos incluía uma penalidade para os reparos; o operador cujo trabalho necessitava de correção perdia o bônus daquele serviço. Assim, a medição do desempenho e os regimes de incentivos estavam estreitamente alinhados com os objetivos da empresa para aperfeiçoar a produtividade enquanto não comprometia o serviço ao cliente ou a qualidade do trabalho.

Gerenciar por meio de incentivos

Seja qual for a mudança na organização, o sistema de incentivo deveria ser revisado para garantir o alinhamento. Essa, muitas vezes, é uma etapa esquecida e fonte importante de fracasso da mudança.

Consolidar a mudança na cultura da organização

O terceiro método de consolidar a mudança é combinar mudança rígida com uma mudança na cultura da organização. Esse é de longe o tipo mais difícil de alcançar – criar cultura da organização é uma obra em si mesma –, mas quando isso acontece a mudança pode ser extremamente profunda e amplamente reconhecida e aceita.

Consolidar a mudança na cultura é muito difícil. Alinhar a estrutura e sistemas de incentivo é uma primeira etapa; o resto vem dos valores da equipe de administração sênior, frequentemente legados pelos fundadores originais e perpetuados por sucessivas gerações de administração.

VOCÊ TEM CERTEZA DE QUE GANHAMOS?

Mudar a cultura

Às vezes, numa crise grande, a mudança cultural ocorre rapidamente. Depois da falência de uma empresa de ferramentas, houve uma mudança distinta na atitude do pessoal porque eles não mais davam por certo seus empregos . No entanto, regra geral, a mudança cultural é mais demorada.

Para realizar uma mudança cultural será necessário: destruir símbolos da cultura antiga, por exemplo, jogar fora – ou, melhor ainda, queimar publicamente – os velhos manuais, fechar o bufê dos gerentes, suspender o relógio de ponto;

- fazer uma declaração ousada sobre a nova cultura e comunicá-la amplamente;
- garantir que toda a equipe de administração entenda, pregue e viva a nova cultura;
- remover sistematicamente da organização aqueles que não estão preparados para adotar a nova cultura;
- recrutar usando os requerimentos para a nova cultura e não fazer concessões nisto;

- reconhecer e recompensar a nova cultura;
- dar incentivos para adotar a nova cultura;
- monitorar regularmente e avaliar a implementação da nova cultura por meio da observação de comportamentos e ações, e obter *feedback* de todas as pesquisas de pessoal.

Há muitas maneiras de fazer isso. Como o CEO da Motorola precisava que a organização se concentrasse na qualidade, ele mudou a agenda da reunião do conselho de direção para discutir primeiro questões de qualidade. Depois, saiu após a discussão sobre qualidade, de novo enfatizando quão importante era isso. No entanto, construir uma cultura de desempenho elevado que se dissemine por toda a organização não é fácil.

Disney

Provavelmente um dos melhores exemplos de consolidação da mudança seja a Corporação Disney. Na Flórida, a Disney emprega 50 mil membros de elenco (note a expressão, isto tem totalmente a ver com comunicar a cultura e valores). O tamanho não é o único problema. Há uma alta porcentagem de pessoal sazonal, a rotatividade é relativamente elevada e a maioria dos membros do elenco trabalha bem longe da vista dos seus supervisores e em contato direto com o cliente.

Quando Lee Cockerell, vice-presidente executivo de operações, falou sobre gerenciar tal operação, usou duas expressões: "educar e fazer cumprir". A administração comunica a toda hora os "valores Disney". Eles mensuram a avaliação dos membros do elenco quanto a se os administradores vivem esse valor ou não. Eles sustentam isso com histórias que retratam do que afinal se trata a Disney na linguagem teatral: "membro do elenco", "no palco" etc. Quando as coisas correm mal, os administradores intervêm pessoalmente; os administradores de topo irão apanhar papéis no parque. Mas eles também dependem muito de rotinas para garantir que os mais altos padrões sejam satisfeitos. Os banheiros são inspecionados regularmente e repintados a cada 15 dias, as barras repintadas todas as noites.

Essas representações de fachada são sustentadas por sistemas altamente sofisticados. As previsões de números de frequentadores vão desde projeções de cinco anos a providências às 11 horas da manhã para o resto do dia. Os membros do elenco são então trazidos de casa ou enviados para casa com base nisso. Os sistemas de recrutamento selecionam em cima da capacidade de representação. A entrevista de emprego é muito menos importante do que o modo como você representa no teste que lhe apresentam. Se você for um *chef*, eles o farão preparar uma refeição; se você é gerente de hotel, eles visitam seu estabelecimento para ver por si mesmos e até entrevistam seu pessoal. Tendo garantido que somente recrutam gente capaz, os esquemas de incentivo recompensam aqueles que se destacam na sua profissão de eleição. Um garçom de topo num restaurante fino alega conseguir ganhar 60 mil dólares por ano, muito mais do que a remuneração inicial de um novo gerente.

A Disney considera todo cargo importante, não importa quão desinteressante possa parecer aos outros. Para que a organização tenha uma boa *performance*, cada função tem de ser bem desempenhada. Por isso eles se esforçam no recrutamento, na avaliação gerencial e na recompensa. Dessa maneira, conseguem comunicar a cultura até a base da organização e se asseguram de que, na maioria das circunstâncias, o seu pessoal vive os valores Disney.

Construir uma cultura forte como a Disney conquistou, e alinhar seus valores, metas e níveis de desempenho, não é fácil. É muito mais fácil ver e descrever do que replicar, mas o progresso é factível se houver suficientes recursos, tempo e empenho.

Gerenciar pessoas que não irão mudar

Quase sempre há pessoas que não aceitam a mudança, e é importante gerenciá-las – não ignorá-las nem abandoná-las, de modo que se tornem uma contínua fonte de descontentamento. Finalmente, aqueles que não aceitam a mudança se tornam a minoria e ficam marginalizados, e muitos saem por sua própria iniciativa. No entanto, conflito demais não é produtivo e, no interesse de ter funcionários totalmente empenhados em sua equipe, você precisará encontrar um modo de deslocar aqueles que não saem e não aceitarão a mudança da organização. Isso pode significar deslocá-los para outra parte da empresa, ou simplesmente fazê-los sair. Esse é outro sinal de que a mudança veio para ficar. Qualquer que seja o modo de fazer isso, certifique-se de que está sendo justo na preparação de transferências ou saídas. Igualmente, você precisa tornar o futuro atraente para aqueles que ficam – o desempenho deles cairá se eles recearem "perder o emprego".

DICAS

- *Esclareça-se sobre o que será diferente como resultado da mudança; observe o que de fato acontece (em oposição ao que está sendo dito) e certifique-se de que os atos são diferentes na prática.*
- *Quando tiver identificado os sinais que demonstram que a mudança realmente aconteceu, garanta que eles estejam presentes ao longo do negócio.*
- *Assegure-se de que os administradores principais continuem a agir de maneira tal que exemplifique o que é necessário na sequência da implementação das mudanças.*
- *Nunca reaja rápido demais – sempre dê a si mesmo um tempo para pensar.*

Resumo

Incorporar a mudança é crítico, já que sem isso todo o tempo e esforço serão desperdiçados. Ainda pior, se considerar que a mudança falhou e a organização estará em desvantagem: ou será não competitiva no mercado ou vista como fracassada aos olhos do público geral.

A estrutura e os processos são os aspectos mais fáceis de mudar, uma vez que reforçarão as novas formas de trabalhar. Sistemas de incentivos e recompensa também podem ajudar a solidificar a mudança, mas a mudança cultural é a mais valiosa na organização. Também é a mais difícil de alcançar. Para verdadeiramente consolidar a mudança, você tem de mudar, pelo menos em parte, os três fatores.

No próximo capítulo, vamos lhe fornecer três ferramentas para avaliar a resistência à mudança. Entender quem está resistindo, e por quê, é crítico para a mudança bem-sucedida. Na etapa do planejamento, isso lhe dará a oportunidade de gerenciar o processo, mas continue voltando a essas ferramentas, já que a resistência também pode facilmente fazê-lo tropeçar na transição.

Perguntas (respostas no final)

1. **A etapa de recongelamento está concebida para:**

a) congelar o processo de mudança ❑

b) anunciar o fim do projeto ❑

c) permitir que o projeto seja esquecido ❑

d) evitar que a organização volte ao passado ❑

2. **Chamar a terceira etapa de recongelamento é às vezes considerado inadequado já que:**

a) as organizações frequentemente voltam atrás ❑

b) a mudança nunca deveria acabar ❑

c) essa etapa nunca é alcançada ❑

d) a mudança nunca deveria ser consolidada ❑

3. **A mudança deveria ser consolidada:**

a) na estrutura da companhia ❑

b) nos sistemas de recompensa da companhia ❑

c) na cultura da companhia ❑

d) todas as respostas acima ❑

4. **As medidas de desempenho apropriadas podem:**

a) ajudar a consolidar a mudança ❑

b) confundir os funcionários ❑

c) ser um substituto para uma boa administração ❑

d) fazer tudo isso ❑

5. **O elemento-chave no sistema de recompensa para consolidar uma mudança é:**

a) o tamanho da recompensa ❑

b) a frequência com que se paga ❑

c) o alinhamento com a mudança ❑

d) a rapidez com que é paga ❑

6. **A cultura organizacional deveria vir:**

a) dc exemplo que a administração do topo dá ❑

b) da própria loja ❑

c) da atividade econômica na qual a empresa opera ❑

d) de consultores externos ❑

7. **Qual dos símbolos seguintes pertence à cultura da organização?**

a) A distribuição dos lugares no parque de estacionamento ❑
b) O estilo do vestuário ❑
c) Os arranjos nas horas das refeições ❑
d) Todas as respostas acima ❑

8. **Para mudar a cultura da organização você precisa:**

a) pagar bem ❑
b) continuar o recrutamento da mesma maneira ❑
c) agarrar-se ao passado ❑
d) afastar aqueles que não querem mudar ❑

9. **A estrutura e os processos são:**

a) o mais difícil de mudar ❑
b) o mais fácil de mudar ❑
c) a última coisa a mudar ❑
d) irrelevantes de mudar ❑

10. **Quando se gerencia o processo de mudança, é importante:**

a) reagir rapidamente ❑
b) reservar tempo para pensar ❑
c) manter distância ❑
d) ignorar a resistência à mudança ❑

QUINTA-FEIRA

Ferramentas para analisar a resistência à mudança

Durante os capítulos anteriores, observamos as três etapas da mudança: descongelamento, mudança e recongelamento. Neste capítulo, analisaremos de perto as ferramentas de avaliação da resistência à mudança.

Não é necessário mudar. A sobrevivência não é obrigatória.

W. Edwards Deming, guru da administração

No entanto, a maioria de nós saberá por sua própria experiência que nem todos concordarão com esse sentimento, em especial se sentirem que podem ser afetados adversamente. Como administrador implementando a mudança, às vezes é como se algumas pessoas estivessem simplesmente obstruindo qualquer novidade. Como alguém na extremidade receptiva da mudança, você pode sentir que sua organização está implementando demasiadas iniciativas de ruptura e ter vontade de fazer ouvir seu ponto de vista.

Uma coisa é certa. Se estiver implementando uma mudança, encontrará resistência. Para seu projeto de mudança ser bem-sucedido, você precisará entender as razões fundamentais para a resistência e as forças a favor e contra a renovação. Você precisará identificar quem o apoia, quem você precisa influenciar e quais são os principais objetores. Dessa maneira, você poderá planejar sua tática para ultrapassar a resistência.

Por que há resistência à mudança?

Idealmente, a potencial resistência deveria ser considerada antes que o projeto de mudança começasse, mas este capítulo irá ajudá-lo a analisar o que acontece à medida que a mudança evolui e a avaliar se ela irá se consolidar.

Três técnicas diferentes, mas complementares, são hoje descritas: análise do campo de forças, reações à mudança e avaliação de prioridade, esforço e recompensa. Antes de apresentar essas ferramentas, porém, é útil resumir algumas das razões por que há resistência à mudança.

Falta de comunicação, de modo que as pessoas:

- não entendem o que a mudança é;
- não entendem o que a mudança significa;
- não entendem por que a mudança é necessária;
- não veem a urgência da mudança;
- não entendem como a mudança se encaixa no quadro global.

Falta de vontade de mudar, porque as pessoas não:

- querem mudar, sentem-se confortáveis como estão;
- acreditam que a mudança produzirá os benefícios esperados.

Falta de aceitação do processo de mudança, porque as pessoas:

- não gostam da maneira como a mudança está sendo encaminhada;
- não estão envolvidas na decisão;
- não são consultadas quanto à decisão;
- não gostam que lhes digam o que fazer;
- acham que estão sendo tratadas de modo injusto;
- acham que outros estão sendo tratados de modo injusto.

Falta de incentivo para mudar, porque as pessoas não veem:

- nenhuma vantagem pessoal na mudança;
- melhorias nas suas condições de trabalho.

Desvantagens das novas maneiras de trabalhar porque a percepção é de que:

- o emprego ficará menos interessante;
- a mudança reduzirá sua autonomia ou flexibilidade de trabalho;
- a mudança reduzirá a interação social;
- a mudança fragmentará a equipe existente.

Ameaças da mudança, porque as pessoas veem-na:

- reduzindo seu poder;
- enfraquecendo sua posição e *status*;
- debilitando seu desenvolvimento pessoal;
- prejudicando suas vias de promoção.

Tenha sugestões em mente quando utilizar as ferramentas descritas em seguida.

Análise do campo de forças

Uma das mais antigas e frequentes técnicas usadas para analisar a resistência à mudança é a análise do campo de forças, baseada na premissa de que a mudança só ocorrerá se as forças impulsionadoras forem maiores do que as forças resistentes a ela.

Construir uma análise do campo de forças é um exercício relativamente fácil. Você precisa identificar todas as forças que impulsionam a mudança e anotá-las na margem esquerda de uma folha de papel. Em seguida, deve identificar todas as forças que bloqueiam a mudança ou resistem a ela, e anotá-las na outra margem. Contra cada força, você deve desenhar uma seta – o comprimento da seta representa sua potência.

O resultado será semelhante à figura a seguir. O diagrama pode depois ser usado para avaliar qual a probabilidade de a mudança ser bem-sucedida e para identificar as maiores forças, as que têm de ser preservadas, e as forças resistentes à mudança, as que devem ser enfraquecidas.

Vantagens e falhas

A vantagem da análise do campo de forças é sua simplicidade. Pode ser usada rapidamente e os resultados, facilmente comunicados.

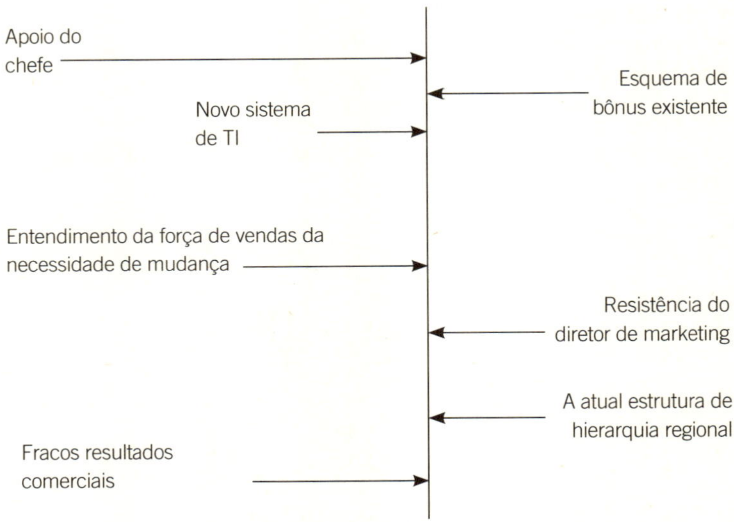

Figura 5.1: Um exemplo de uma análise de um campo de forças.

No entanto, ela tem de fato fragilidades. Primeiro, é muito subjetiva e depende de um indivíduo ou um grupo pequeno para identificar todas as forças e fazer uma avaliação. Segundo, parte do princípio de que os projetos acontecem isolados, enquanto, na realidade, as mudanças falham porque são simplesmente sobrepujadas por outras mudanças ou eventos, em vez de interrompidas por falta de apoio ou resistência.

Reações à mudança

Paul Strebel, da IMD, sugere que a resistência à mudança pode ser avaliada agrupando os envolvidos segundo sua reação à alteração. Ele afirma que há duas dimensões a serem consideradas: o impacto potencial percebido (positivo ou negativo) e a energia da reação (ativa ou passiva). O impacto da mudança é muitas vezes evidente: uma perda de posição e poder para alguns indivíduos, mas uma oportunidade de progresso e novas oportunidades para outros. Todavia, a energia da reação é menos fácil de identificar porque depende das percepções dos indivíduos quanto à incerteza da mudança e de sua atitude perante o risco. Quanto maior o risco e a aversão que alguém tem ao risco, maior a probabilidade de essa pessoa ser passiva.

Essa abordagem cria quatro categorias: tradicionalistas, espectadores, resistentes e agentes de mudança.

Figura 5.2: As quatro categorias de mudança.

Para identificar os indivíduos que se encaixam nos diferentes grupos, você precisa fazer quatro perguntas:

1. Quem tende a reagir ativamente à mudança e a vê-la como uma oportunidade? (Agentes de mudança)
2. Quem tende a reagir ativamente à mudança e a vê-la como uma ameaça? (Resistentes)
3. Quem tende a reagir passivamente à mudança e a vê-la como uma oportunidade? (Espectadores)
4. Quem tende a reagir passivamente à mudança e a vê-la como uma ameaça? (Tradicionalistas)

Vantagens e falhas

A vantagem de usar essa ferramenta é que ela, de fato, coloca os envolvidos na mudança em quatro campos distintos e sugere uma variedade de incentivos que podem ser aplicados para aumentar o nível de empenho com a mudança. Também pode ser usada rapidamente para avaliar a posição dos envolvidos.

No entanto, a técnica requer algum conhecimento dos participantes, especialmente para separar os respondentes ativos dos passivos (embora essas diferenças venham à tona assim que se inicia a mudança). Também supõe que você está lidando com um único projeto de mudança de importância, e assim as interrupções cotidianas não influenciam o resultado.

Prioridade, esforço e recompensa

Essa ferramenta de avaliação é montada em cima da teoria de que os projetos competem uns com os outros por tempo de gestão e atenção. Portanto, se um projeto terá êxito ou não dependerá do esforço disponível, dos benefícios esperados pelo projeto e da consequente prioridade que recebe. Este demonstrou ser o caso num estudo de 88 projetos de mudança espalhados por seis diferentes negócios fabris no Reino Unido, entre 1998 e 2000, e a ferramenta descrita é muito efetiva na definição do êxito de um projeto.

Usando a ferramenta

Em seu formato mais simples, a ferramenta pode ser usada entrevistando individualmente cada um dos gerentes e atores-chave que estarão diretamente envolvidos no projeto de mudança. Deve ser-lhes perguntado:

- Que principais projetos de melhoramento que ocuparão seu tempo e esforço pelos próximos três a seis meses?
- Por favor, escalone esses projetos pela sua ordem de importância, como você os percebe, distribuindo 100 pontos entre todos os projetos de melhoria.
- Se lhe fossem dados 100 pontos do seu esforço para distribuir entre esses projetos, quanto do seu esforço cada projeto receberia para fazer um progresso razoável ao longo dos próximos três a seis meses?
- Se os projetos levam 100 pontos de esforço, quanto de seu esforço é necessário só para completar as tarefas rotineiras cotidianas do seu emprego?
- Se o total de pontos de esforço para os projetos e atividades rotineiras é, digamos, 200, então qual é, em sua opinião, seu esforço total disponível?

Essa abordagem lhe permitirá:

- identificar todos os projetos que estão competindo atualmente por tempo e esforço administrativo;
- fazer uma classificação aproximada de prioridades dos projetos atuais;
- identificar o nível de apoio que o novo projeto de mudança está recebendo (a partir da sua posição relativa na classificação);
- avaliar se os envolvidos estão, ou se espera estarem, sobrecarregados por trabalho cotidiano ou volume de projetos de melhoramento.

Um exemplo

É útil criar um retrato da situação, desenhando uma tabela no formato da figura anterior, que foi criada com base nos dados coletados por meio de entrevista que estão ilustrados na Figura 5.4.

A figura mostra que o projeto de mudança cultural atualmente tem a prioridade mais elevada, mas que o diretor administrativo não vai se esforçar muito por ele. Ela também demonstra que, após ter avaliado as exigências do dia a dia no emprego, o diretor administrativo considera estar sobrecarregado.

Classificação do projeto	Descrições do projeto de melhoramento	Esforço requerido
50	Projeto de mudança cultural	30
30	Exercício de redução de custos	50
20	Identificação do novo mercado	20
1. Total de esforço requerido para o projeto de melhoramento		100
2. Total de esforço requerido para as tarefas cotidianas		100
3. Total de esforço requerido (1+2)		200
4. Total de esforço disponível (avaliação individual)		180

Figura 5.3: Respostas de entrevista a um diretor administrativo de uma empresa.

Deveria haver uma preocupação quanto ao fato de o novo projeto de identificação do mercado ser completado ou o progresso ser dentro do prazo.

Vantagens e falhas

Figura 5.4: Representação gráfica dos projetos de melhoramento do diretor administrativo.

A vantagem de usar essa ferramenta é que ela proporciona um modo de avaliar o sucesso e o fracasso potenciais de projetos considerando-se o envolvimento daqueles que se supõe estar diretamente envolvidos. Ela fornece *feedback* na forma de prioridades e identifica áreas potenciais de preocupação.

A técnica tem um benefício principal maior: ela não pergunta diretamente se a pessoa entrevistada apoia o projeto ou não. É muito mais fácil para os administradores argumentar que outros projetos deveriam ter maior prioridade e, portanto, mostrar sua resistência a um projeto pela posição em que é colocado no gráfico – muitas vezes a prioridade menor.

Essa abordagem falha ao exigir que a natureza do projeto seja revelada antes que a avaliação possa ser feita. Às vezes, questões de confidencialidade impedem que isso aconteça.

DICAS

- *Nunca faça a análise da resistência à mudança sem assessoria. Você tem somente um ponto de vista e envolver outros será inestimável.*
- *Comece cedo o processo de persuasão, especialmente com os resistentes mais importantes. Levará tempo.*
- *Em muitas organizações há diversas grandes iniciativas concorrendo. As pessoas podem sentir que seu esforço está se dissipando em diferentes direções. Também podem sentir que essas iniciativas não os ajudam a atingir suas próprias metas.*
- *O truque é ligar os projetos de modo que as pessoas possam ver o quadro global – mostrar-lhes que todas as iniciativas fazem parte do mesmo quebra-cabeça, que elas estão conectadas e são necessárias para criar o todo. Tantas vezes apenas vemos uma peça, e o quadro inteiro pode dar apoio às mudanças.*
- *No começo, você muitas vezes descobrirá que algumas pessoas importantes são bastante céticas ou se opõem à mudança. Se conseguir transformá-las em apoiadores, você dará um grande ímpeto à mudança, especialmente se conseguir a ajuda delas com a implementação.*
- *Em uma grande mudança, alguns indivíduos importantes sempre irão se opor. Esteja preparado para sacrificá-los ou à mudança; raramente poderá ter ambos.*
- *Como você trata os resistentes é importante para o processo de mudança. A maneira como lidar com eles legitima a mudança para aqueles que são deixados. Faça sempre de tudo para tentar convencer os resistentes, mas, depois, aja o mais humanamente possível para encontrar outras funções ou terminar seus contratos de trabalho.*

Resumo

Neste capítulo revisamos três ferramentas específicas para analisar a mudança:

- *Análise do campo de forças*: você deveria usá-la como uma ferramenta rápida para avaliar subjetivamente as maiores forças que impulsionam ou impedem sua iniciativa de mudança.
- *Reações à mudança*: você deveria usá-la para categorizar as pessoas em grupos – seus aliados, seus inimigos e aqueles que simplesmente estão em cima do muro.
- *Avaliação de prioridade, esforço e recompensa*: você deveria usá-la tanto para entender o estresse na organização quanto para identificar onde tem apoio ou problemas.

Antes de uma mudança importante, sempre conduza uma análise ou avaliação. Você não pode planejar adequadamente sem entender as questões e a posição das pessoas, por isso use as ferramentas ao seu dispor. Não se esqueça de que as ferramentas também são úteis para analisar por que uma iniciativa foi paralisada, portanto use-as em todas as etapas de um projeto de mudança.

No próximo capítulo, iremos considerar três projetos autênticos de forma detalhada, identificando os aspectos que cobrimos até agora.

Perguntas (respostas no final)

1. Num projeto grande, a mudança:

a) não sofre resistências ❑
b) sofrerá resistência de algumas pessoas ❑
c) sempre sofre a resistência de todos ❑
d) jamais é para o benefício de alguém ❑

2. A resistência à mudança acontece porque:

a) as pessoas não se sentem consultadas ❑
b) as pessoas não gostam da maneira como ela é conduzida ❑
c) as pessoas sentem que são tratadas injustamente ❑
d) por todas as razões acima ❑

3. Para alguns indivíduos a razão para resistirem à mudança é porque:

a) eles podem perder sua posição e *status* ❑
b) eles podem perder poder ❑
c) as vias de promoção ficam bloqueadas ❑
d) todas as respostas acima estão certas ❑

4. As falhas da análise do campo de forças são que:

a) é muito subjetiva ❑
b) assume que a resistência é a única razão por que a mudança falha ❑
c) ela se foca num único projeto ❑
d) todas as respostas acima ❑

5. A ferramenta "reação à mudança" se foca em:

a) diferentes projetos de mudança ❑
b) no pessoal subalterno ❑
c) na administração de topo ❑
d) categorizar indivíduos em grupos ❑

6. As falhas da ferramenta "reação à mudança" são:

a) é muito subjetiva ❑
b) assume que a resistência é a única razão porque a mudança falha ❑
c) ela se foca num único projeto ❑
d) todas as respostas acima ❑

7. A maior vantagem da ferramenta "prioridade, esforço e recompensa" é que:

a) é simples de usar ❑
b) é a única abordagem ❑
c) é subjetiva ❑
d) as pessoas não têm de concordar ou discordar para apoiar o projeto ❑

8. O principal ponto cego da ferramenta "prioridade, esforço e recompensa" é:

a) ela se foca somente na resistência à mudança ❑
b) ela ignora outros projetos ❑
c) não se percebe iniciativas da organização parental ❑
d) é subjetiva ❑

9. Você deveria usar as ferramentas para analisar a resistência à mudança:

a) no início do projeto ❑
b) à medida que o projeto evolui ❑
c) se a mudança começar a paralisar ❑
d) em todas as etapas acima ❑

10. Para que a mudança tenha êxito, você deve estar preparado para:

a) comprometer seus princípios ❑
b) agir de modo desleal ❑
c) sacrificar pessoas ❑
d) fazer tudo acima ❑

SEXTA-FEIRA

Exemplos de projetos de mudança

Até o momento, olhamos para os aspectos individuais e para as etapas de um projeto de gerenciamento de mudança. Observamos as razões de ela ser necessária e vimos a criação do ímpeto da mudança. Apreciamos o modo como esta se implementa e as várias formas como as pessoas reagirão. Olhamos para como você fará a mudança se consolidar e se tornar parte da prática normal de trabalho, e lhe proporcionamos algumas ferramentas para analisar a resistência à mudança com que inevitavelmente irá deparar.

No entanto, um projeto de gerenciamento de mudança não segue um curso ordenado e linear. Cada projeto é diferente, com seu próprio pacote de problemas. Você precisa ser flexível em sua abordagem ao mesmo tempo em que atua de maneira consistente e permanece leal aos seus objetivos originais. Se você assumir uma postura muito rígida, irá acumular problemas; se não permanecer fiel aos seus objetivos declarados, as pessoas não o levarão a sério e sua posição será abalada. Você precisa aplicar ferramentas diferentes em circunstâncias diversas e avaliar cuidadosamente o que está acontecendo e como terá de adaptar sua abordagem.

Hoje lhe serão dados três exemplos muito diferentes de projetos de mudança. Cada caso está fundamentado em iniciativas reais, mas são todos fictícios no modo como combinam experiências de diferentes cenários para criar exemplos autênticos e publicáveis.

Construir uma equipe focada no cliente

Esse estudo está baseado em uma verdadeira organização de serviços, que foi estabelecida há muito tempo e altamente bem-sucedida com pouca concorrência autêntica. Ela não mudava havia muitos anos, mas sentia os efeitos da nova concorrência e as receitas diminuindo.

A situação

O pessoal fora recrutado por suas habilidades organizacionais e administrativas, e não por sua habilidade para lidar com clientes.

Os sistemas estavam estabelecidos para a facilitação do pessoal, em vez de para os clientes.

A estrutura era hierárquica: cada pessoa tinha uma rígida descrição do seu cargo e um supervisor para garantir que as coisas fossem feitas corretamente; em geral o trabalho era realizado em padrões elevados.

Todo o mundo chegava pontualmente às 9 horas da manhã e encerrava pontualmente às 17 horas, com uma hora para almoço entre as 13 e as 14 horas.

A organização tinha uma abordagem paternalista, quase envolvendo o pessoal num casulo e afastando-o das realidades comerciais; embora isso criasse uma equipe muito leal e minimizasse a rotatividade dos funcionários, levava à complacência e a uma falta de ideias novas que normalmente viriam pela chegada de pessoal novo.

A necessidade de mudança

Já havia alguns anos que os ganhos vinham declinando em termos reais, mas haviam sido compensados pelo corte de custos. Isso poderia ter continuado; no entanto, a equipe de administração enfrentou um ano particularmente desafiador em que o corte de custos adicional tornou-se simplesmente doloroso demais. Ficou evidente que os clientes estavam "dando para trás" porque a organização não estava proporcionando o serviço que eles queriam. Concluiu-se que, se não fossem realizadas mudanças, a organização não sobreviveria. Em particular, houve a necessidade urgente de descobrir por que os clientes estavam desaparecendo e o que realmente estavam buscando e, como resultado, adequar os serviços no *portfolio* da companhia. Também foi preciso levar o pessoal a se concentrar nas realidades comerciais e na importância do serviço ao cliente.

Mudanças requeridas

Como resultado da pesquisa com os clientes, a equipe de administração sênior identificou várias áreas para mudanças importantes. Uma das maiores foi a necessidade de mudar a cultura da organização. Sem essa mudança subjacente, seria impossível introduzir novos serviços e superar a concorrência. As principais necessidades eram:

- concentrar o pessoal na realidade comercial – tanto a receita quanto o custo – e em providenciar serviço ao cliente (bem como excelência administrativa);
- criar uma equipe administrativa flexível, em vez de ter cargos rígidos, para poder lidar com os pedidos dos clientes muito mais rapidamente e conseguir lidar com as futuras mudanças contínuas suavemente;
- remover camadas de supervisão para eliminar custos com pessoal e evitar duplicação do trabalho.

Isso pedia as seguintes mudanças específicas:

- reestruturar o departamento para transferir supervisores em papéis que envolvessem mais valor, em vez de ficarem simplesmente na supervisão;
- negociar horários de trabalho flexíveis para manter o atendimento ao cliente aberto das 8h30 às 17h30;
- reescrever as descrições dos cargos;
- treinar pessoal em novas capacidades;
- implantar uma cultura em que o pessoal fizesse uso da própria iniciativa, em vez de aguardar por uma orientação, e em que os clientes fossem reconhecidos como importantes.

Tudo isso tinha de ser feito de modo tal que retivesse os valores da organização (especialmente os relacionados a trabalho de alta qualidade e à manutenção da lealdade do pessoal).

A solução

Uma reunião foi realizada para explicar a posição da empresa e discutir o que isso representava para o departamento. Foi destacado o problema do declínio de vendas e da queda em números de clientes, e circularam ideias para mudança – algumas apresentadas como "tem de acontecer" e outras como "de que maneira podemos alcançar isso?"

Algumas ideias úteis saíram dessa discussão, mas muitos indivíduos acharam que esse era um problema puramente de "gerenciamento" e sentiram não ter nada com que contribuir. Também houve um sentimento de que as mudanças propostas acrescentariam trabalho demais a uma carga de trabalho considerada já como excessivamente pesada. Os supervisores sentiram fortemente que os padrões do trabalho iriam decair de modo acentuado se a supervisão fosse retirada e que isso resultaria na perda de ainda mais clientes.

A partir dessa reunião ficou evidente que a equipe tinha pouca experiência de algumas das realidades do mundo comercial no qual operavam. Foram combinadas visitas de aferição a equipes com funções similares em organizações locais não concorrentes. Foi pedido a grupos dentro da equipe que planejassem essas visitas antecipadamente, chamando a atenção para as questões que queriam levantar e para as observações que deveriam fazer. Após as visitas houve discussão sobre o que fora aprendido e o que poderia ser implementado. Isso teve diversos efeitos, incluindo:

- os membros começaram a perceber que tinham boas ideias e poderiam contribuir para a discussão do futuro da organização;
- perceberam que o trabalho flexível era a norma, e que a sua situação era bem melhor do que a de alguns indivíduos trabalhando em *call centers*, em que eles de fato eram monitorados muito de perto;
- começaram a ver como as outras companhias lidavam com seus clientes;
- ficaram insatisfeitos com a atual maneira de trabalhar, sentindo que, afinal, podiam melhorar o que estavam fazendo.

Na sequência dessas visitas, foi pedido aos supervisores para considerarem maneiras para acrescentar valor e melhorar o serviço ao cliente, usando o que haviam visto em outras organizações. Isso ajudou a proporcionar um foco *naquilo em que estavam se tornando* em seus novos papéis (e deram-lhes a palavra na definição destes), em vez de pensarem o tempo todo sobre *aquilo de que se estavam afastando*.

O treino formal foi empreendido em áreas essenciais, como o serviço a clientes, mas também em algumas das habilidades "mais flexíveis", incluindo eficiência pessoal, tomada de decisões e gerenciamento do tempo. Isso ajudou a fomentar a confiança e proporcionou o sentimento de que a companhia estava investindo na sua gente.

Os papéis dos cargos foram revistos e redesenhados com a promessa de que seriam reavaliados em períodos frequentes e as mudanças feitas quando necessário. Os novos papéis também foram discutidos com cada indivíduo, para "sentir" o objetivo como um todo e avaliar a contribuição para o sucesso global da companhia. Também eram discutidas as expectativas sobre como esse papel funcionaria, incluindo a de que os indivíduos trabalhassem o máximo possível por sua própria iniciativa e tivessem a liberdade (dentro de certas limitações) de empreender qualquer ação que fosse necessária para satisfazer o cliente.

Foram estabelecidos e acordados padrões de desempenho, incluindo medidas de serviço ao cliente.

O resultado

As primeiras semanas de trabalho foram difíceis. O pessoal recorria continuamente aos seus ex-supervisores para orientação e eles ajudavam prontamente. Havia rumores de que as medidas de desempenho (que eles haviam concordado serem factíveis) eram, de fato, totalmente irreais. Eles achavam cansativo e difícil lidar com os clientes. Não estavam esclarecidos quanto aos limites da sua responsabilidade e sentiam falta da estrutura do regime antigo. De fato, havia uma grande insatisfação.

Foi nesse ponto que a equipe administrativa teve de se agarrar às suas armas. Os ex-supervisores foram treinados para fazer mais perguntas, de modo que o pessoal pudesse tomar suas próprias decisões, em vez de receber soluções fáceis. Com o tempo, os supervisores perceberam que exerciam um papel muito mais importante e que não teriam tempo para lidar com inquéritos do pessoal o dia inteiro. As medidas de desempenho foram mantidas e representadas por ilustração para proporcionar uma medida visual de progresso. O melhoramento para atingir essas metas era recompensado e elogiado. Alguns membros da equipe foram incentivados a sair e se reunir com clientes junto com a equipe de vendas, de modo que pudessem ver seus problemas em primeira mão.

Levou vários meses – e alguma discordância entre membros da equipe – antes que as novas formas de trabalhar se tornassem a norma. Todavia, isso de fato aconteceu gradualmente. O pessoal se empenhou muito em cumprir suas metas de desempenho; eles apreciavam a ideia de sair para ver clientes e, ao fazerem isso, traziam novas ideias para melhorar o serviço. A mentalidade das 9 às 17 horas desapareceu à medida que o pessoal realmente se envolveu no seu trabalho. Acima de tudo, as vendas começaram a melhorar.

Western Engineering

Antecedentes

A Western Engineering era uma companhia com uma longa história que remontava há 250 anos. A fábrica principal empregava mais de 500 pessoas e produzia uma vasta gama de produtos consumíveis usados em aplicações tão diversas como aparelhos medicinais, centrais nucleares e instalações petroquímicas. Esses produtos eram vendidos no mundo inteiro a fabricantes de equipamentos originais e ao mercado de manutenção.

A fábrica fora administrada por muitos anos como uma única unidade empresarial, comandada por um diretor ditatorial. Seu estilo havia sido instigar pessoalmente altos níveis de desempenho, assegurando que os funcionários fizessem o que lhes mandavam. Contudo, à medida que ele se aproximava da aposentadoria, o desempenho empresarial começou a diminuir. Seu sucessor foi um homem muito mais jovem que não apenas veio de fora da companhia, como de fora da indústria.

O problema

Assim que se instalou no novo cargo, o diretor administrativo tomou providências para a melhoria da prosperidade do negócio. Ele sabia que a rentabilidade poderia ser muito melhor e que o serviço ao cliente estava longe do nível desejado. A companhia comercializara por vários anos apoiada em sua grande reputação, mas, agora, novos e mais baratos produtos estavam chegando ao mercado. Para aumentar a responsabilidade e o foco no cliente, ele reorganizou o negócio em três unidades empresariais diferentes, cada uma responsável por fabricar e vender peças distintas da gama de produtos. No entanto, por causa do tamanho do terreno fabril, ele não podia se dar ao luxo de ter cada unidade empresarial autônoma, portanto houve um número de serviços compartilhados pelas unidades empresariais: contabilidade, tecnologia da informação e distribuição.

O diretor administrativo também redigiu outro plano de negócios, estabelecendo o novo rumo da empresa. Depois de 12 meses, estava claro que as mudanças não vinham dando resultado. Em particular:

- a nova equipe de administração não entendeu o plano de negócios. Eles não haviam comprado a ideia e ainda estavam aguardando que o novo diretor administrativo lhes dissesse o que tinham de fazer, do modo como acontecia no passado;
- suas funções continuavam como uma lei para eles. Eram dirigidos por indivíduos que haviam sido administradores muito destacados sob a estrutura antiga e, portanto, ignoraram os pedidos das três unidades empresariais para mudanças no serviço;
- para tentar sobrepujar algumas dessas dificuldades, o diretor administrativo trouxe consultores para implementar um novo sistema de aferição de desempenho, medida espetacularmente mal sucedida.

O diretor administrativo acreditava fervorosamente estar propondo o melhor para o negócio, mas a história e a cultura da companhia estavam impedindo a adequada implementação da sua visão. Ele também começou a ficar preocupado quanto à sua posição e credibilidade, sendo novo na companhia e na indústria.

A solução

A solução para o problema foi em si bastante simples – envolver a equipe administrativa inteira no desenvolvimento de uma nova estratégia e na implementação de um novo sistema de avaliação do desempenho. Isso foi conseguido por meio de uma série de *workshops* ao longo de três meses e criou o veículo para implementar as mudanças requeridas.

A série de *workshops* com facilitador utilizou ferramentas particulares para analisar o negócio, estabelecer objetivos e conceber medidas de desempenho apropriadas. Toda a equipe administrativa foi envolvida. Começaram por avaliar os desejos e necessidades dos clientes e por segmentar sua base. Tendo isso estabelecido, prosseguiram para considerar o que a empresa tentava alcançar e as exigências dos outros acionistas, incluindo os donos, administradores e funcionários. O processo não foi fácil e houve muita argumentação e debate, mas foi acordado no começo que isso facilitaria uma abordagem inclusiva. A única vez que o projeto quase descarrilou foi quando o diretor administrativo decidiu que a equipe estava propondo medidas de desempenho excessivas e interveio para reduzi-las drasticamente para um número de sua própria escolha. Isso não foi bem-aceito pelos diretores-gerais de cada unidade empresarial, que sentiram que o processo estava sendo usurpado, e conspiraram ao longo da série seguinte de *workshops* reintroduzindo um número significativo de indicadores essenciais de desempenho.

Resistência

Apesar dos *workshops*, ainda havia resistência à mudança em relação ao serviço. A nova estrutura exigia que eles providenciassem serviços para as novas unidades empresariais, mas alguns dos gerentes acreditavam que, por causa de suas posições mais antigas, tinham o direito de prover o serviço que queriam e não o que seu cliente interno exigia. Em uma das funções, isso atingiu o estágio de o gerente explicitamente resistir à implementação de novas medidas de desempenho e se empenhar ativamente em debilitar o processo.

O indivíduo envolvido era um antigo administrador sênior, muito respeitado. Ele indubitavelmente possuía grandes habilidades técnicas e seus atos estavam bloqueando o progresso do projeto. Por um tempo, o novo diretor administrativo ficou indeciso quanto ao curso da ação. Era necessário implementar as novas estratégias e medidas, assim como as funções de serviço, para sustentar as novas unidades empresariais, mas isso estava sendo contrariado por um administrador sênior. O diretor administrativo tentou a persuasão e a razoabilidade em numerosas ocasiões, mas isso falhou e, portanto, ele não teve alternativa senão encerrar o contrato de emprego com o funcionário.

O resultado

Os resultados do processo foram bem evidentes. Pela primeira vez, a equipe administrativa sênior da companhia tinha uma estratégia que todos compreendiam, em cuja criação todos haviam se envolvido. Também tinham um entendimento claro de seus objetivos e metas, que haviam sido incorporados nas medidas de desempenho que eles conceberam. Essas medidas então nortearam o rumo ao restante do negócio e foram entusiasticamente implementadas pelos administradores.

O comportamento dos administradores também mudou. Em vez de perguntarem o que deveriam fazer, agora sabiam o que era requerido – tinham de melhorar o desempenho da companhia. Ao longo de um curto período de tempo, os administradores deixaram de fazer aquilo que lhes mandavam para assumir suas próprias iniciativas, e a autoridade da tomada de decisões se estabeleceu em cascata pela organização. O serviço ao cliente melhorou e a lucratividade rapidamente aumentou.

Por que a mudança deu resultado?

Várias vezes no gerenciamento da mudança não é ela em si que não funciona, mas é a forma como é empreendida que a impede de acontecer. O processo adotado aqui teve o efeito de:

- garantir o envolvimento e a participação da equipe inteira de administração sênior;
- explicar à equipe o que a companhia precisava alcançar e por quê;
- criar um entendimento partilhado da estratégia;
- desenvolver uma aceitação das medidas e um compromisso em implementá-las.

Finalmente, o encerramento do contrato de emprego com o administrador sênior resistente à nova abordagem mostrou a todos os interessados até que ponto a companhia estava disposta a ir para ver o projeto implementado.

Maintenance Services

Antecedentes

A Maintenance Services era o ramo de negócio no Reino Unido de um grupo internacional. A companhia havia operado com sucesso por muitos anos, mas sua posição em relação à concorrência vinha declinando, junto com seus níveis de lucratividade. Na negociação anual para acordos salariais, o sindicato pediu aumentos acima da inflação. No entanto, o clima econômico tornava isso insustentável.

Para prosseguir, a companhia tinha de aumentar a produtividade, e isso significava maior flexibilidade da força de trabalho. Quando essas necessidades foram discutidas com o sindicato, a resposta foi que a companhia era rica o suficiente para sustentar a reivindicação. De fato, a empresa sempre acatara as reivindicações no passado, até mesmo no auge da última recessão, quando as encomendas haviam caído drasticamente. O sindicato não estava preparado para ouvir uma apresentação sobre a posição financeira da companhia. Eles preferiram se agarrar à sua exigência e ignorar os pedidos da administração para negociar modos mais flexíveis de trabalho.

Construindo a *burning platform*

A administração ficou preocupada com a situação, mas não havia nenhum caso que remetesse a fazer algo diferente. Um diretor interino externo foi trazido para avaliar a situação e, após alguns dias, resumiu a posição numa série de sete afirmações, listadas a seguir:

- A posição competitiva e lucrativa da companhia está em declínio.
- No futuro, a concorrência ficará ainda mais acirrada.
- A maior fonte de prejuízo nos custos são os laborais.
- Abrir concessão à reivindicação de aumento salarial, sem quaisquer melhorias em flexibilidade, iria piorar essa situação.
- No passado, a companhia sempre aceitou exigências salariais.
- Por causa da situação competitiva, a exigência desse ano não pode ser aceita.
- Se a companhia não confrontar a produtividade laboral nesse ano, ficará numa posição muito mais frágil para fazer isso no próximo ano.

Esse conjunto simples de declarações resumia a posição da companhia. Ele criou uma *burning platform* inicial necessária para confrontar a questão e animou a administração para agir. Mas a companhia não estava preparada para uma greve – precisava de tempo. O procedimento acordado com o sindicato para resolver as disputas, resultou num ganho de tempo e os requerimentos legais das relações industriais do Reino Unido para notificação e votação secreta providenciaram o resto.

Primeiras etapas

O primeiro passo foi requerer arbitragem por intermédio da ACAS – Advisory, Conciliation, and Arbitration Service (Serviço de Assessoria, Conciliação e Arbitragem). A preparação para a reunião levou algumas semanas e o sindicato teve de ouvir a apresentação da companhia sobre sua posição financeira.

No entanto, essa tentativa de reconciliação não deu resultado; o sindicato pressionava pelas suas reivindicações apesar da posição da administração – mas o processo permitiu ganhar tempo.

Pouco depois da reunião, o sindicato emitiu a notificação de uma votação secreta para ação judicial industrial.

A resposta da companhia

Em resposta à notificação da votação secreta, a companhia considerou duas abordagens: primeiro, comunicar-se com a força laboral para chegar ao voto de "não" e, segundo, preparar-se para uma greve.

A campanha informativa superou o que a companhia já havia feito antes. Além de notificações nos envelopes de remuneração, foram enviadas cartas a todos os endereços, calculadas para chegar no sábado de manhã. Três ondas de comunicações cara a cara foram planejadas, e por causa da natureza da operação em 24 horas os gerentes foram treinados para entregá-las rapidamente a todos os turnos em um ciclo. O processo de preparar, afinar e entregar essas comunicações envolveu um terço da equipe administrativa.

Os preparativos para uma greve também foram extensos. Uma firma de relações públicas foi envolvida para ajudar a lidar com a mídia, advogados foram comissionados para assessorar sobre relações industriais e leis trabalhistas, e uma empresa de segurança foi contratada para proteção contra sabotagem. Foi feito um chamado de apoio à administração, e uma agência foi contratada para recrutar uma força de trabalho substituta. Os clientes foram informados e planos de contingência postos em ação para simplificar menus e suprir determinados voos intercontinentais.

Enquanto avançavam esses preparativos, a equipe administrativa sênior avaliava as consequências de uma greve. Além dessa ruptura, também se pensou sobre as mudanças nas práticas de trabalho que a companhia poderia ser capaz de introduzir se uma fatia significativa da força laboral fosse dispensada durante a greve. Essa era substancial. Portanto, emergiu um plano focado em lidar com qualquer ação judicial industrial de modo rápido e decisivo, para minimizar o impacto no negócio e deslocar a companhia para uma nova maneira de trabalhar.

O resultado da votação secreta

Apesar da grande campanha de comunicação, houve uma votação de 3-1 a favor da greve. Todo o trabalho da companhia fora anulado em uma única reunião em massa quando o convocador dos operários simplesmente se levantou e disse: "Esqueçam o que a administração está dizendo; se vocês nos apoiarem, vamos conseguir mais".

O resultado da votação foi comunicado, junto com um aviso-prévio de sete dias para a primeira das duas greves de um dia inteiro. A empresa reagiu imediatamente ao reagendar toda a escala de serviços dos turnos de maneira que todos os funcionários estivessem escalados para trabalhar no dia da greve. Foram enviadas cartas a todos os trabalhadores, informando-os dos novos horários e prevenindo-os de que o não comparecimento seria considerado um ato de greve e de que todos os grevistas seriam demitidos. Quando o sindicato recebeu essa mensagem, ficou em estado de choque porque esperava um pedido de negociações adicionais.

Foi convocada outra reunião em massa porque muitos queriam saber se a ameaça da administração era legal. Quando a resposta foi afirmativa, os ânimos mudaram. Muitos dos funcionários estavam sendo muito bem pagos e não queriam perder seus empregos. O sindicato requisitou mais uma reunião, que foi aceita depois que concordaram em rescindir a ameaça de greve. Dentro de horas, um acordo foi feito e a crise estava terminada.

Por que a mudança?

Refletindo, não foi o que a administração *disse* que fez a diferença – o sindicato ouvia a retórica da administração havia anos –, mas o que foi *feito*. O pessoal vira os preparativos. Eles haviam recebido as comunicações, as cartas e as notificações nos envelopes das remunerações.

Eles também notaram que as respostas foram pré-planejadas – as comunicações eram recebidas com demasiada rapidez para surgirem de outro modo. Eles haviam visto a central da crise sendo montada, as visitas dos consultores de segurança. Os gerentes de revezamento tinham começado a chegar e o pessoal sabia que os clientes estavam sendo informados. Eles também sabiam que o pessoal das agências de emprego estava sendo recrutado e treinado. Mas, simultaneamente a tudo isso, houve uma mudança na atitude de gerenciamento; eles tinham um propósito e foram espalhando os rumores: "Amanhã de manhã vai haver confusão".

O incidente mudou totalmente o clima das relações industriais no negócio. O pessoal não recebeu nada a menos e não houve demissões, mas perceberam que tinham de trabalhar para obter seu dinheiro, e não serem pagos somente por aparecer. Muitas das custosas práticas que pagavam o pessoal só por estarem no trabalho foram abandonadas. Questões de produtividade podiam ser agora discutidas e melhoramentos, acordados. O desempenho aumentou e a lucratividade se seguiu.

Comentário

Negócios maduros são os produtos de sua própria história.

Às vezes, as velhas estruturas e práticas mantêm o negócio represado e algumas vezes até conseguem destruí-lo. Considera-se impossível ou perigoso demais fazer grandes mudanças nessas circunstâncias; no entanto, como demonstrado por esse caso, isso pode ser feito. Fazer essas grandes mudanças requer um empenho considerável. Para ser bem-sucedido, você precisa de:

- um caso que force à mudança – as sete afirmações proporcionaram isso porque despertaram a companhia quanto à sua posição de declínio no longo prazo;
- uma visão do futuro – isso veio da percepção de quão competitivo o negócio poderia ser se as práticas correntes pudessem ser abolidas;
- um meio para atingir a visão – isso emergiu pelo plano de contingência e preparativos para a greve.

O empenho no gerenciamento na verdade cresceu à medida que a crise evoluiu. A pequena equipe sênior, aos poucos, envolveu cada vez mais o resto da administração, primeiro nas comunicações e depois no planejamento. A partir de um grupo pequeno, a equipe cresceu para incluir toda a equipe de gerenciamento, e isso criou uma força viva por si só. O domínio do problema se propagou amplamente, dando um propósito à equipe. Foi assim que aconteceu a verdadeira mudança.

Resumo

Todo projeto de mudança é diferente, em tamanho, complexidade e impacto. Portanto, cada mudança deveria ser gerenciada diversamente. Não caia na armadilha de simplesmente empreender a abordagem que funcionou da última vez em que você a usou. Você pode ter sorte e talvez dê resultado outra vez. Mas se não analisou adequadamente a situação você pode estar usando um martelo de forja para quebrar uma noz ou fracassar em algo que deixou passar despercebido. Já é difícil chegar à mudança sem que você a complique mais ao não adaptar sua abordagem à situação que se apresenta.

No entanto, toda mudança atravessa as etapas de preparação ("descongelamento"), a mudança de fato ("movimento") e a incorporação da nova forma de trabalhar ("recongelamento"). Aprenda a escutar as diferentes fases de sua mudança. As pessoas ainda discutem quanto à sua necessidade e propósito? Em caso afirmativo, você ainda está no descongelamento. E elas estão falando sobre a mecânica e se debatem com problemas? Se for assim, elas estão em movimento. Ou elas ficaram em silêncio? Sendo assim, ou elas estão incorporando ou se separando, portanto seja especialmente cuidadoso aqui.

No próximo capítulo, vamos resumir e providenciar orientação sobre os comportamentos, papéis e responsabilidades do gerenciamento requeridos para fazer a mudança acontecer.

Perguntas (respostas no final)

1. Para levar as pessoas a produzir desempenho elevado é melhor:

a) focar nos seus ICDs (Indicadores-Chave de Desempenho) ❑

b) focar na descrição do seu cargo ❑

c) focar no cliente ❑

d) focar em fazer o que seu chefe exige ❑

2. A aferição pode ser útil uma vez que:

a) dá exemplos reais de diferentes abordagens ❑

b) abre os olhos das pessoas ❑

c) é uma boa fonte de ideias novas ❑

d) faz tudo o descrito acima ❑

3. O pessoal trabalha melhor quando:

a) tem uma tarefa completa a cumprir ❑

b) tem uma atividade definida muito rigorosamente ❑

c) tem responsabilidades limitadas ❑

d) tem supervisores para resolver todos os seus problemas ❑

4. Um plano de negócios é:

a) ineficaz ❑

b) sempre eficaz ❑

c) eficaz apenas quando é amplamente entendido ❑

d) útil apenas para o CEO ❑

5. Os *workshops* com facilitadores de estratégia:

a) ajudam a envolver a equipe sênior ❑

b) muitas vezes mudam o rumo da organização ❑

c) criam entendimento ❑

d) fazem tudo o descrito acima ❑

6. Durante um *workshop* com facilitador de estratégia você deveria:

a) contribuir apenas quando lhe é pedido ❑

b) ter o direito de dizer o que quer ❑

c) sujeitar-se ao regulamento da companhia ❑

d) divergir da opinião de seus superiores ❑

7. Depois que as decisões foram tomadas num *workshop* com facilitador de estratégia, você deveria:

a) contribuir apenas quando lhe é pedido ❑
b) ter o direito de dizer o que quer ❑
c) sujeitar-se ao regulamento da companhia ❑
d) continuar como antes ❑

8. Uma declaração de posição concebida para criar a necessidade de mudança deveria incluir:

a) algo sobre pressões competitivas ❑
b) razões para agir agora ❑
c) uma razão clara para a mudança ❑
d) todas as respostas acima ❑

9. A retórica é:

a) sempre aceitável ❑
b) nunca aceitável ❑
c) mais provável de se acreditar quando se alinha com a ação ❑
d) um desperdício de tempo ❑

10. O compromisso da administração com a mudança em larga escala:

a) será fortemente testado ❑
b) será assumido ❑
c) nunca é relevante ❑
d) nunca é a razão para a mudança fracassar ❑

SÁBADO

Fazer a mudança acontecer

As organizações incluem pessoas que têm suas próprias opiniões, que se expressam em maior ou menor escala. E nem é tão simples quanto isso. Todos sabemos que o que as pessoas dizem não é necessariamente o que realmente querem dizer. Entender o comportamento é uma parte importante de gerenciar o processo de mudança. Assim que você entender o que está de fato acontecendo, quem está causando problemas e por quê, terá mais chances de atacar aqueles problemas e chegar a um resultado de sucesso.

É essencial lidar com resistentes à mudança, por mais difícil que seja. Muitos administradores tentam evitar isso e ignorar o que acontece diante dos seus olhos. Se você não lidar com os resistentes, fará com que o seu projeto de mudança seja mais difícil de implementar com êxito e poderá deixar no seu rastro as sementes da sua anulação no futuro. Mas é importante não gastar todo seu tempo sobrepujando objeções. Você também precisa conquistar o compromisso; precisa que as pessoas se envolvam.

Neste capítulo, veremos o compromisso absolutamente imprescindível com a mudança por parte da administração sênior, abordaremos a atribuição de papéis e responsabilidades e apreciaremos formas práticas nas quais você pode criar o melhor ambiente para que o seu projeto tenha êxito. Concluiremos com um resumo e uma lista de verificação para a mudança.

Empenho da administração sênior na mudança

Como em qualquer iniciativa importante, o empenho da alta administração é essencial para um resultado de sucesso. De fato, há mais coisas envolvidas nisso do que apenas "empenho". Num tempo de mudança, os funcionários são naturalmente mais sensíveis ao comportamento da administração sênior, e os atos e palavras estão sujeitos a mais escrutínio e interpretação do que de costume.

As atitudes prevalecentes podem habitualmente ser descritas assim:

- falta de confiança;
- pessoas buscando razões para evitar por completo as mudanças, ou diminuí-las (e isso pode acontecer tanto entre aqueles que implementam as mudanças como entre os que estão sujeitos a elas);
- indivíduos vociferantes buscando e articulando razões por que as mudanças não darão resultado;
- um foco de visão interna, concentrando no que acontece dentro da organização e não o que acontece no negócio como um todo.

Então, como é que os administradores seniores podem lidar com isso?

1. A equipe administrativa sênior precisa partilhar de um retrato claro do que tem de ser alcançado pela mudança e de uma estrutura para atingir essas metas.

   A equipe deveria planejar que mudança é requerida e por quê, se é que esta tem de ser uma alteração de peso ou um processo contínuo, e produzir um cronograma de atividades com prazos. Dentro desse plano é provável que haja alguns objetivos, atividades e prazos que serão sagrados. Se estes não forem satisfeitos, então o processo de mudança fracassará. Eles funcionam como pilares em torno dos quais todo o resto tem de ser construído. Todos na equipe de administração sênior têm de saber quais são e tê-los em mente ao longo do processo de mudança.

   Tendo estabelecido o plano e os "pilares inabaláveis", é crítico que cada administrador sênior agarre-se a eles. Quando aparecer os obstáculos, é tentador tomar um rumo mais fácil e alterar o plano. Embora em alguns casos isso possa ser necessário (nenhum plano consegue prever todas as eventualidades), se os "pilares inabaláveis" são alterados, então o curso inteiro do processo de mudança pode descarrilar. Esses "pilares inabaláveis" podem ser usados como aferidores para testar se uma ação está alinhada com as metas como um todo. Um "pilar inabalável" dentro de uma mudança, concebido para melhorar o serviço ao cliente, pode ser, por exemplo, para desenvolver um sistema de gerenciamento de contas em que há um único ponto de contato para clientes particulares dentro da organização. Isso pode implicar restruturação e novo treinamento do pessoal, mas também pode ser essencial para o futuro bem-estar do negócio.

   Se um departamento então estabelece um caso bem argumentado para dois pontos de contato (digamos, serviço e novas vendas), essa proposta pode ser medida perante a meta abrangente (e rejeitada).
2. As mensagens emitidas pela equipe sênior têm de ser consistentes. Se um administrador diz uma coisa e outro uma coisa diversa, então a integridade fica comprometida. A falta de concordância pode ser usada para "dividir e conquistar" ou lançar a dúvida sobre a habilidade da administração em lidar com o processo.
3. Todos os envolvidos no processo devem prestar atenção aos detalhes. Na quantidade avassaladora de planejamento e atividade envolvidas em projetos de mudança capitais, os detalhes podem ser facilmente negligenciados. O processo deve ser analisado passo a passo numa etapa bem inicial, usando-se perguntas "Se?". Para usar o cenário de gerenciamento de prestação de contas, analisa-se todo tipo de dúvidas dos clientes existentes para identificar exatamente como lidar com eles. Se tivermos uma dúvida sobre...?Ou...?

Isso alcança dois pontos:

a. revela quaisquer problemas latentes nas propostas iniciais,
b. quando surge o inevitável "Não podemos fazer isso porque...", os administradores seniores têm uma resposta e são capazes de demonstrar que pensaram sobre os detalhes. Os administradores seniores são frequentemente pessoas do "cenário global" e, pela natureza do seu trabalho, estão mais afastados dos detalhes cotidianos.

Outra abordagem é criar um grupo de trabalho com pessoas envolvidas nas tarefas cotidianas e pedir-lhes que avancem com soluções.

4. Tem de haver uma comunicação excelente dentro da equipe de administração sênior.

A boa comunicação desempenha um papel importante ao garantir que a equipe de administração apresente uma frente forte e unida. Num estudo de caso real, diversos administradores-chave envolvidos em formatar e implementar um projeto de reestruturação foram forçados a chegar a um compromisso com vários grupos sobre propostas originais por conveniência política. Registros desses compromissos não foram guardados num único lugar, nem amplamente comunicados, e só vieram à luz durante o processo de implementação, quando os grupos envolvidos produziram documentos isentando-os de parte das mudanças. Isso prejudicou a implementação e reduziu os benefícios alcançados.

5. A informação deve surgir por intermédio da equipe administrativa sênior e não por meio de boatos.

A equipe administrativa sênior deve ser o mais aberta possível quanto ao que acontece, engendrando o cenário inteiro e criando oportunidades para o diálogo aberto. Emitir informações de maneira descontrolada pode ser arriscado porque permite que os boatos deem resultado e os fatos sejam distorcidos.

É crucial a forma como os administradores seniores atuam e se comportam durante um programa de mudança importante. Aqueles que se opõem à mudança estarão à espreita da mais leve fenda na armadura da administração, uma indicação de que alguém não está a favor de modo integral, qualquer alavanca que possam usar a seu favor. Manter a administração sênior ciente de tudo é, portanto, uma tarefa essencial.

No palco – e nos bastidores

O que acabamos de descrever é o compromisso público da alta administração. Isso é o equivalente de uma representação teatral no palco, diante da plateia. Em qualquer representação teatral, a plateia não vê o que acontece nos bastidores, mas essa atividade é necessária para que a peça seja representada. O mesmo acontece com qualquer mudança importante. O truque é manter as atividades dos bastidores fora de vista, de modo que não distraiam o público da representação no palco.

As atividades nos bastidores incluem as questões listadas a seguir:

- Negociações entre os principais atores quanto ao rumo e âmbito da mudança – um consenso inicial será exigido, o que habitualmente requer regatear algo entre todos os demais atores, mas isso deve acontecer fora da vista da maioria dos funcionários.
- Conflitos entre os executivos seniores quanto a visão, estratégia ou táticas da mudança – com uma equipe administrativa forte, isso é altamente provável de acontecer. Os indivíduos terão pontos de vista fortes e os expressarão com vigor. Se o conflito for resolvido construtivamente, uma melhor solução poderá emergir, mas essa atividade precisa ser feita atrás de portas fechadas. Uma discussão privada seguida de uma exibição pública de unidade quanto a uma estratégia escolhida vale seu peso em ouro.
- Ansiedade do patrocinador quanto ao êxito da mudança – isso é comum, e qualquer bom líder deve atentar a essa questão e partilhá-la com colegas próximos, o que ajudará a unir a equipe, assim como contribuirá para o desenvolvimento de planos e ações. Mas na maioria das organizações essas questões não podem ser discutidas em público. A maioria das organizações pede uma direção forte.

Assim, quando se gerencia a mudança, é importante que todos os envolvidos saibam quando estão "fora do palco" – quando podem discordar e discutir, e quando têm de seguir as regras do jogo. Em negócios, a área do palco não é sempre tão óbvia de ser vista como no teatro. Uma analogia mais explícita ocorre quando se analisam os membros do elenco da Disney – assim que vestem seu figurino, passam a estar no palco e têm de permanecer dentro do personagem até retornar ao camarim. Os executivos seniores e membros da equipe de mudança deveriam seguir o mesmo exemplo. Tem de se lidar com severidade com aqueles que deliberadamente abrem a cortina para expor o tumulto dos bastidores em seu próprio benefício.

Você precisará achar uma maneira de definir o que pertence ao palco e o que é dos bastidores. Eis algumas sugestões:

- as reuniões do comitê de direção da mudança fazem parte dos bastidores – todo o resto está no palco;
- as reuniões de conteúdo estratégico fazem parte dos bastidores – as reuniões de implementação estão no palco;
- a atividade nos bastidores é permitida até se tomar uma decisão – depois da decisão tomada, estaremos todos no palco, agindo segundo os fundamentos da companhia.

Papéis e responsabilidades

O compromisso da administração com a mudança é essencial, mas a responsabilidade pela mudança terá de ser delegada. Outros terão de encarar a mudança como sua, e é importante que a delegação seja conduzida de forma suave. Definições claras dos papéis e responsabilidades propiciarão isso.

Em uma grande mudança, diferentes pessoas gerenciarão cada um dos diversos papéis. Se você estiver administrando uma mudança pequena, os papéis continuarão importantes, mas a mesma pessoa poderá preencher múltiplos papéis.

O *sponsor*

Esse é o executivo sênior que tem o poder e a autoridade para iniciar a mudança. Em uma mudança de grande escala, o *sponsor* frequentemente será o chefe executivo. Em uma mudança menor, pode assumir o departamento ou a função na qual a mudança está acontecendo.

O papel do *sponsor* é iniciar e orientar a mudança, mas normalmente não é ele mesmo quem a empreende. Esse papel pode incluir:

- dirigir o comitê de orientação da mudança;
- escolher as várias equipes envolvidas;
- nomear o gerente da mudança;
- garantir que o projeto receba os recursos apropriados;
- comunicar o propósito e compromisso com a mudança;
- supervisionar o progresso;
- celebrar êxitos;
- remover obstáculos.

É muito tentador para o *sponsor* também assumir o papel de gerente da mudança. Isso deve ser evitado. O *sponsor* pode sentir que ao comandar a mudança terá maior controle sobre a implementação, mas isso exclui outros envolvidos e a transferência de posse é perdida. Mesmo para uma mudança relativamente pequena, é útil para o *sponsor* encontrar alguém que seja o agente da mudança. Quando isso acontecer, haverá pelo menos dois de vocês contra o resto do mundo.

O comitê de direção

O comitê de direção deveria abranger os executivos seniores diretamente afetados pelas decisões tomadas e mudanças feitas. Eles precisarão discutir a estratégia e implicações e fixar um acordo quanto aos procedimentos de mudança. Especialistas, planejadores de estratégias e outros profissionais da área podem aumentar a equipe para fazer a mudança acontecer. Usualmente, o agente de mudança também se juntará a essa equipe na etapa adequada do projeto.

O papel do comitê de direção incluirá:

- discutir a situação, ações propostas e direção-geral da mudança;
- estabelecer as ações planejadas;
- sustentar a mudança por meio da comunicação com o resto da organização;
- reportar preocupações de retrocesso e potenciais barreiras à mudança;
- apoiar o patrocinador nas suas deliberações e decisões.

De novo, em mudanças pequenas é tentador dispensar esse grupo. Mas mesmo que você consiga juntar somente um pequeno grupo de pessoas-chave informalmente, em pontos particulares no processo, descobrirá o benefício de ter uma equipe por trás da mudança. Envolver pessoas na mudança cria compromisso, uma vez que fortalece o sentido de posse. E isso aumenta a probabilidade de sucesso.

É fácil tornar o comitê de direção permeável, ou seja, permitir que pessoas entrem e saiam do grupo livremente – isso impedirá um "pensamento grupal", em que todos concordam com uma ação porque não consideraram plenamente todas as alternativas. Isso também impedirá o comitê de se tornar burocrático demais e a composição de habilidades requeridas se alterará à medida que o projeto progride. Também é importante assegurar que o grupo não fique demasiado afastado de todos os outros na organização.

O gerente da mudança

O gerente da mudança é a pessoa que assumirá a responsabilidade cotidiana pela gestão do projeto de mudança. Pode trabalhar sozinho ou chefiar uma equipe, mas requererá o apoio do comitê de direção para completar sua tarefa.

A escolha do gerente do projeto é crítica. Ele ou ela têm de ter tempo para dedicar ao projeto, e em projetos maiores isso exigirá renunciar a seus cargos habituais. Muitas vezes, isso deixa de fora muitos executivos seniores, mas o gerente da mudança ainda tem de ter a credibilidade e o respeito do resto da organização pela sua autoridade. Ele ou ela também tem de usufruir da confiança dos outros, e uma reputação em ser um intermediário honesto é uma grande vantagem.

Esse papel habitualmente incluirá:

- gerenciar os recursos do projeto cotidianamente;
- apoiar o comitê de direção em suas deliberações;
- comunicar todos os aspectos da mudança;
- gerenciar os detalhes da mudança;
- fazer relatórios ao comitê de direção das percepções sobre a mudança pelo resto da organização;
- reportar sobre progressos e obstáculos.

A equipe de implementação

O comitê de direção precisa estar envolvido na implementação, mas a dimensão da tarefa comumente requererá uma equipe de implementação separada, composta pelos gerentes de linha das áreas em mudança. Envolver os gerentes de linha garantirá que a mudança seja incorporada.

O papel da equipe de implementação habitualmente incluirá:

- comunicar a mudança;
- treinar os envolvidos nas novas formas de trabalhar;
- gerenciar a transição;
- reportar sobre o progresso.

É útil criar a equipe de implementação bem cedo no processo, deixando-a consciente do debate da mudança. Quanto mais a equipe estiver envolvida, maior será seu sentido de domínio e compromisso. Usar os superiores técnicos para comunicar a mudança e treinar os envolvidos é uma alavanca poderosa a utilizar na implementação. Para treinar outros, a equipe terá de estar plenamente familiarizada com a mudança, e isso é importante para uma implementação bem-sucedida.

Tente usar superiores técnicos em vez de equipes de trabalho – uma equipe de trabalho terá falta de credibilidade e irá debilitar a posição dos superiores técnicos.

Outros papéis

Eventualmente, será preciso implementar outros papéis, em ocasiões específicas, como, por exemplo, uma coordenação. Também pode haver a necessidade de usar consultores externos, mas se você fizer isso lembre-se de assumir o controle – os consultores um dia irão embora e você ficará para gerenciar o que eles fizeram.

Mesmo em mudanças pequenas, pense em:

- iniciar a mudança – poder e autoridade requeridos;
- dirigir a mudança – obter o estímulo certo e tomar as decisões corretas;
- gerenciar a mudança – e seus recursos, detalhes e coordenação;
- implementar a mudança – gerentes de linha e supervisores fazendo isso acontecer.

Mudança efetiva

Muitas organizações têm uma longa lista de iniciativas de mudança que estão tentando implementar. Nessas organizações, sobreviver às iniciativas de gerenciamento de mudança se torna uma atribuição. Como resultado, a organização não melhora.

Reduzir o número de iniciativas de mudança é uma maneira de ultrapassar o problema. Priorizar e focar! Mas há outra forma de consolidar projetos passados de gerenciamento de mudança: não permita que os projetos tenham um final. Se você deixar, o projeto estará terminado, a atenção se deslocará para o próximo projeto e os benefícios podem ser rapidamente perdidos. Uma boa maneira de solucionar a questão é acionar os projetos juntos – faça do próximo projeto uma extensão do último e construa em cima dele, em vez de destruí-lo.

Se, por exemplo, você tiver um grande incentivo para desenvolver a estratégia no ano anterior e quiser implementar um novo sistema de avaliação de desempenho no ano corrente, ligue os dois. Faça do projeto de mensuração do desempenho um meio para acionar a estratégia. Dessa maneira, irá construir em cima do projeto do ano passado em vez de perdê-lo. Igualmente, se agora implementou o sistema de mensuração de desempenho e precisa desenvolver o modo como as avaliações anuais são feitas, garanta que o trabalho nos recursos humanos seja edificado em cima dos objetivos e medidas que já desenvolveu. Na maioria das vezes, as iniciativas anteriores são esquecidas e ficam enterradas debaixo da próxima.

Ao trabalhar dessa maneira, as pessoas não poderão ignorar os novos projetos – eles não irão embora com o tempo nem poderão mais ser ignorados.

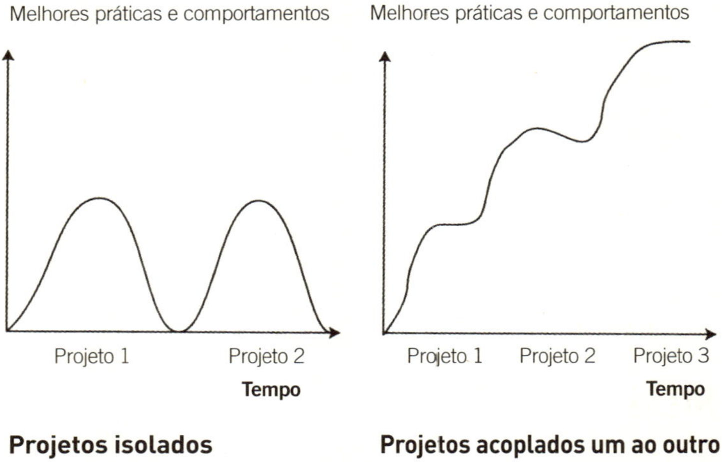

Figura 7.1: As consequências de projetos isolados ou acoplados uns aos outros.

DICAS

Quando montar sua equipe, encontre pessoas que trabalhem bem juntas, mas não tenham totalmente a mesma mentalidade. Dessa maneira, vocês alcançarão um consenso e surgirão ideias novas.

Você atuará nos bastidores, mas o envolvimento na tomada de decisões é importante. Certifique-se de que as pessoas não pensem que estão acontecendo coisas demais atrás de portas fechadas.

Você precisa construir a capacidade para mudar na organização. Nunca dê a impressão às pessoas de que essa é a última oportunidade que terão. Use os papéis da mudança e do companheirismo da equipe como meios para desenvolver essa perícia.

Lista de verificação para a mudança

A mudança é um processo complexo, e tentar resumir tudo em uma imagem final é extremamente difícil.

A seguir, indicamos uma lista de algumas questões-chave e pontos essenciais a serem verificados. Nosso conselho é que você use as ferramentas e ideias deste livro para pensar sobre a sua própria situação e, em seguida, planejar sua mudança.

Lembre-se, também, de que nem toda mudança é possível, por isso, se a sua conclusão final for essa, não vá cegamente em busca de uma mudança que não ocorrerá. Você tem uma escolha.

Etapa	Perguntas a fazer	Ao que estar atento
Conceito inicial	Que mudança é requerida? O que estamos tentando alcançar? Quais serão os benefícios? Quais serão os custos? Em quanto tempo teremos de fazer a mudança? Qual é a probabilidade de sucesso? Quais são as alternativas? O que acontecerá se não a fizermos?	Não fique com visão limitada – concentre-se nos resultados e avalie cuidadosamente as alternativas possíveis para alcançá-los. Não subestime os obstáculos. Não subestime o poder do interesse do pessoal entrincheirado.
Descongelamento	Quem estará na(s) equipe(s) do projeto? Quem será(ão) o(s) gerente(s) do projeto? O que precisa ser feito e quando? Que prováveis obstáculos serão encontrados em cada etapa e como podem ser superados? Como criaremos insatisfação com o presente e pintaremos uma boa visão do futuro? Quais serão os marcos para demonstrar progresso?	Fique vigilante com resistência dissimulada – pessoas dizendo “sim” quando querem dizer “não”, e atos que não correspondem às palavras. Garanta que a tarefa não seja subestimada. Não poupe recursos; a mudança precisa de recursos folgados para ser implementada com êxito. Observe os detalhes. Assegure-se de que cria um senso de urgência.

Etapa	Perguntas a fazer	Ao que estar atento
Mudança	Quais são os indicadores de que a mudança está acontecendo? Estaremos aderindo a novas formas de trabalho/estrutura? As barreiras estão sendo superadas? Os dissidentes significativos foram afastados ou neutralizados? As pessoas estão recebendo suficiente apoio, *coaching*, treinamento? Os sistemas de reconhecimento e recompensa estão alinhados com o que é requerido pela mudança?	Verifique se estão sendo feitas mudanças. Crie e celebre ganhos rápidos. Certifique-se de que os gerentes comunicam uma mensagem consistente. Aja com sensibilidade com aqueles que não conseguem lidar com a mudança. Assegure-se de que aqueles que continuam a resistir à mudança deixem a organização.
Recongelamento	O sistema de reconhecimento e recompensa continua a sustentar a mudança? As novas formas de trabalhar se tornaram parte da rotina? A mudança trouxe os benefícios esperados? O que é preciso mudar em seguida?	Verifique se as pessoas não estão retornando às velhas formas de trabalho. Monitore o desempenho continuamente. Não festeje a vitória cedo demais. Garanta que os benefícios sejam entregues e comunicados.

Resumo

Se há uma mensagem que queremos deixar ao final deste livro é que a mudança deve ser pensada e planejada. Demasiadas organizações abandonam a mudança até que seja tarde demais, portanto manter o padrão do seu cenário organizacional é essencial para lhe dar o tempo de que você precisa para se adaptar. Nunca acredite que porque sua organização está se dando bem hoje irá continuar assim pelo futuro. Não irá. Mas é difícil mudar quando se considera que tudo está indo bem; por isso, planeje com antecedência e faça as pessoas perceberem os sinais de alerta.

Assim que perceber a necessidade de mudança, planeje sua abordagem. Você terá de reagir a várias crises e eventos à medida que a mudança se processar, mas se não tiver um plano inicial para orientá-lo ficará perdido. Portanto, use as ferramentas para escolher sua abordagem, identifique as resistências e dirija o processo. Certifique-se de que as estruturas formais estejam em posição e de que existe simultaneamente um líder da mudança e um gerente da mudança para qualquer projeto importante.

Finalmente, a mudança agora é a regra, portanto trate com respeito aqueles que perdem no processo de mudança. As organizações são julgadas pela maneira como tratam seu pessoal. Se for benfeita, será fácil implementar a próxima mudança. Se for malfeita, a próxima mudança será mais difícil, calcificando sua organização e ameaçando sua própria sobrevivência.

Perguntas (respostas no final)

1. Para evitar a mudança, as pessoas irão:

a) argumentar que ela não é necessária ❑
b) dizer-lhe que ela não dará resultado ❑
c) tentar diluí-la ❑
d) fazer tudo o acima mencionado ❑

2. Quando se empreende um projeto de mudança, o plano original:

a) deveria se apegar à rigidez ❑
b) deveria ser ignorado assim que a mudança começar ❑
c) é um guia, não uma camisa de força ❑
d) é uma perda de tempo ❑

3. Durante um processo de mudança, entender os detalhes:

a) é uma distração ❑
b) é importante para garantir o sucesso ❑
c) desvia o esforço gerencial daquilo que é importante ❑
d) todas as respostas acima ❑

4. Quando os administradores seniores dão mensagens inconsistentes ao dizerem coisas diferentes:

a) o pessoal fica confuso ❑
b) o pessoal não nota ❑
c) o pessoal nota, mas não quer saber ❑
d) o pessoal não se interessa ❑

5. As discussões dos administradores seniores sobre visão e estratégia:

a) nunca acontecem ❑
b) são o sinal de uma administração frágil ❑
c) deveriam ser feitas publicamente ❑
d) deveriam ser feitas nos bastidores, em reservado ❑

6. As discussões dos administradores seniores sobre visão e estratégia são:

a) um desperdício de tempo administrativo ❑
b) essenciais para o sucesso do negócio ❑
c) fortemente desencorajadas ❑
d) prejudiciais ao negócio ❑

7. Uma mudança bem-sucedida comumente precisará de:

a) um patrocinador forte ❑
b) um bom gerente de projeto ou de mudança ❑
c) um comitê de direção ❑
d) todas as respostas acima ❑

8. O papel do patrocinador é:

a) administrar a mudança ❑
b) administrar a implementação ❑
c) liderar a mudança ❑
d) fazer tudo o mencionado acima ❑

9. O papel do gerente da mudança é:

a) administrar a mudança ❑
b) administrar a implementação ❑
c) reportar problemas e obstáculos ❑
d) fazer tudo o mencionado acima ❑

10. Nosso propósito principal em escrever este livro é:

a) mostrar-lhe as ferramentas disponíveis ❑
b) dizer-lhe como você deveria gerenciar a mudança ❑
c) desenvolver suas capacidades ❑
d) ajudá-lo a pensar sobre os projetos de mudança ❑

Sobrevivendo em tempos difíceis

Gerenciar a mudança é um desafio que todas as organizações enfrentam em um momento ou outro, mas é ainda mais importante em tempos economicamente difíceis. Você pode ter visto uma redução nos lucros, uma diminuição no ânimo do pessoal, uma necessidade de cortes e demissão de funcionários. Aqui estão dez dicas essenciais para ajudá-lo a enfrentar os tempos duros com confiança.

1. Preveja de forma realista

Tente fazer três previsões: a esperada, o melhor dos cenários e o pior dos cenários. Isso ajudará você a pensar mais claramente sobre o que o futuro poderá trazer e as várias opções em aberto.

2. Estabeleça pontos de disparo

Pontos de disparo são níveis de desempenho que irão desencadear a ação e a mudança. É mais fácil concordar com colegas agora do que no futuro. Será necessário agir se o desempenho cair abaixo de certo nível. É mais fácil tomar decisões árduas agora. Por isso, pense no futuro e tome decisões como: quando as demissões precisariam ser feitas ou em que ponto a fábrica deveria ser fechada. Essa abordagem também focará a mente daqueles que estão diretamente envolvidos com um desempenho melhor.

3. Faça melhoramentos, em vez de cortar nos custos

Em tempos difíceis, muitas companhias massageiam seus orçamentos fatiando uma porcentagem de cada código de custo. É melhor deixar de fazer de uma vez algumas coisas e estabelecer apropriadamente as outras atividades ou planejar um processo de mudança de modo que se faça mais do que menos.

4. Seja criativo quanto aos custos que você corta

Cancelar a festa de Natal poupará dinheiro, mas o que isso fará aos ânimos dos envolvidos? Será que você consegue achar uma maneira mais econômica de agradecer e aumentar o empenho dos funcionários sem gastar tanto dinheiro?

5. Faça mudanças mais cedo do que mais tarde

Quanto mais tarde iniciar suas mudanças, mais dramático e custoso será, portanto é melhor começar cedo e dar a si mesmo o espaço e o tempo para gerenciar a mudança efetivamente.

6. Seja realista quanto a metas de desempenho

Metas inalcançáveis não motivam ninguém; de fato, elas só desanimam as pessoas. Se as vendas não vão acontecer, poderão seus vendedores realmente entender seus clientes, em vez de simplesmente tentar sobrecarregá-los com estoque que eles não querem? Se vocês estão operando abaixo da capacidade, você consegue usar o tempo disponível do pessoal para atualizar suas capacidades para a reviravolta?

7. Tempos duros precisam de liderança, não de gerenciamento

Os líderes não são invisíveis, eles criam empatia com os envolvidos, cortam seus próprios custos e também os benefícios, confrontam a verdade e tomam decisões ousadas quando são necessárias.

8. Pense no seu pacote total de recompensas

Se um aumento de salário não é possível nesse clima econômico, está a sua organização preparada para investir no desenvolvimento dos funcionários, patrocinando um curso, por exemplo, ou fornecendo tempo livre para que eles estudem? Que experiências você está obtendo? O que lhe darão para incrementar seu currículo?

9. As mudanças podem acabar por fazer você perder também seu emprego

Seja realista quanto às oportunidades em sua própria organização, bem como às ameaças, de modo que você esteja preparado, conectado e pronto se isso acontecer.

10. Tempos duros apresentam oportunidades assim como criam ameaças

Você pode ser arrancado de um emprego confortável, mas depois encontra algo que lhe agrade muito mais. Seus concorrentes podem falir, proporcionando-lhe autênticas oportunidades de crescer. Portanto, procure o lado positivo, bem como fique consciente dos pontos negativos dos tempos árduos.

Respostas

Domingo: 1c; 2b; 3d; 4a; 5d; 6d; 7a; 8c; 9c; 10b.
Segunda-feira: 1d; 2a; 3c; 4d; 5c; 6d; 7d; 8c; 9c; 10d.
Terça-feira: 1c; 2c; 3c; 4a; 5c; 6b; 7d; 8b; 9b; 10d.
Quarta-feira: 1d; 2b; 3d; 4a; 5c; 6a; 7d; 8d; 9b; 10b.
Quinta-feira: 1b; 2d; 3d; 4d; 5d; 6d; 7d; 8c; 9d; 10c.
Sexta-feira: 1c; 2d; 3a; 4c; 5d; 6b; 7c; 8d; 9c; 10a.
Sábado: 1d; 2c; 3b; 4a; 5d; 6b; 7d; 8c; 9d; 10d.

SAIBA MAIS, DÊ SUA OPINIÃO:

www.editorafigurati.com.br

/editorafigurati

@editorafigurati

figurati